4차 산업혁명
시대를
대비하는

꿈꾸는
미래
진로독서 ❷

꿈꾸는 미래 진로독서 2

초판 1쇄 인쇄 | 2017년 10월 2일
초판 1쇄 발행 | 2017년 10월 10일

지 은 이 | 임영규 · 강범희 · 김재수 · 안장호 · 이정연 · 이해룡 · 황초희 지음
펴 낸 이 | 정봉선
편 집 장 | 권이준
펴 낸 곳 | 정인출판사

주   소 | 서울시 동대문구 천호대로 16가길 4
전   화 | (02)922-1334
팩   스 | (02)925-1334
홈페이지 | www.pjbook.com
이 메 일 | junginbook@naver.com

등   록 | 제303-1999-000058호
ISBN | 979-11-88239-05-4 (43370)

* 책값은 뒤표지에 있습니다.

4차 산업혁명
시대를
대비하는

꿈꾸는 미래 진로독서 2

임영규, 강범희, 김재수, 안장호
이정연, 이해룡, 황초희 지음

정인출판사

목 차

머리말

책과 함께 시작하는 새로운 비상

1. 책 속에 있는 길을 찾아서

책을 읽는다는 것은 이미 자신의 삶과 연계 되어있는 진로탐색 행위일 것입니다. 자신의 삶을 의미 있고 성공으로 가꾸며 행복한 삶을 사는 사람들은 이렇게 말하곤 합니다. "내 인생을 바꾼 한 권의 책이 있었고, 그 책 속에서 길을 찾게 되었다" 라고.

〈내 인생을 바꾼 한 권의 책〉을 보면 동기부여 연설가이자 작가인 찰스 존스도 "두 가지에서 영향 받지 않는다면 우리 인생은 5년이 지나도 지금과 똑같을 것이다. 그 두 가지란 우리가 만나는 사람과 읽는 책이다." 라고 말했습니다. 책 속 48명 저자들의 주요 메시지 또한 책이 자신의 인생을 바꾸는 계기와 동기가 되었다고 말합니다. 삶 속에서 접하는 여러 환경적인 요인들이나 여러 다양한 매체들, 여행, 멘토와의 만남, 기타 요인으로도 인생의 변화를 가져올 수 있겠지만, 독서를 통한 변화의 전환점은 일시적인 것이 아니고 지속적이며 일관성과 진정성을 담보하고 있다고 말할 수 있습니다.

독서를 한다는 것은 삶 읽기 과정입니다. 텍스트를 읽어낸다는 것은 독자 스스로 내적 사고나 내면을 향한 자기성찰을 병행하는 것입니다. 독자는 책을 통해 삶의 맥락 속에서 다양한 텍스트를 통해 실제 경험 해 보지 못한 현상들을 간접적으로 체험하고 작가가 작품을 통해 설정한 삶의 모습들을 탐색하며 책을 통한 의사소통을 합니다. 청소년 독자들에게 있어서 진로관련 독서활동은 긍정적 자아정체감을 형성시켜주고 책 속 다양한 삶의 경험들을 통해 적극적인 진로탐색이 가능하도록 도움을 줍니다.

구글 선정 세계 최고의 미래학자이며 미래학 싱크탱크 다빈치 연구소장인 토마스 프레이는 2030년까지 20억 개의 일자리가 사라지고, 더 이상 예측할 수 없는 미래가 온다고 말합니다. 이러한 미래 사회의 변화에 학생들이 능동적으로 대응하기 위한 진로교육이 필요합니다. 학생들은 다가오는 사회에 적응하고 자신의 삶을 주도적으로 이끌어 갈 수 있는 다양하고 새로운 발상전환이 가능한 사고력 증진이 필요합니다. 이를 위해 진로정보를 통한 진로탐색 활동이 활발하게 이루어져야 합니다. 그 중 독서를 기반으로 한 자기이해와 진로와 관련된 내용을 다루는 독서를 통한 자기 주도적 진로탐색이 우선되어야 할 것입니다.

진로독서는 자기성찰, 직업세계의 이해, 진로탐색, 자기주도적 진로디자인 및 직업 준비 등에 직·간접적으로 많은 도움을 줍니다. 진로는 변화하는 불확실한 세계와 불안정한 미래를 대비해서 전공이나 일을 통해 삶의 방식을 결정하고 만들어 가는 과정입니다. 2015 개정 교육과정은 현행 교육과정(2009 개정 교육과정)이 추구하는 인간상을 기초로 하여 사회가 요구하는 핵심역량을 갖춘 '창의융합형 인재'상을 제시하고 있습니다. 창의융합형 인재는 인문학적 상상력과 과학기술 창조력을 갖추고 바른 인성을 겸비하여 새로운 지식을 창조하고 다양한 지식을 융합하여 새로운 가치를 창출할 수 있는 사람을 말합니다.

곧 다가올 미래는 우리가 지금까지 지내왔던 삶의 방식들이 기술 혁명을 통해 근본적으로 바뀌게 되는 제4차 산업혁명 시대입니다. 4차 산업혁명은 미래의 일이 아니라 지금도 우리의 생각보다 훨씬 빠르게 생활 곳곳에 뿌리 내리고 있습니다. 인공지능, 로봇공학, 사물인터넷을 필두로 자율주행차량, 3D프린팅, 나노기술, 바이오기술 등 4차 산업혁명을 이끄는 신

기술이 점점 보편화되고 있습니다. 이러한 시대 변화 속에서 더욱 중요시되는 것은 성적이나 학벌중심에서 벗어나 개개인이 가진 역량이 극대화되고 자신의 고유한 특성이 반영되는 진로교육이 되어야합니다. 더불어서 인문학적 소양과 올바른 가치관 형성을 통해 새로운 가치를 창출하는 공동체성을 갖추도록 해야 합니다.

개인의 발전만을 위한 개인적인 한계에서 벗어나 자신이 사회 변화의 주체가 되고 인류사회에 공헌할 수 있는 공동체적 가치관 형성을 위한 책을 통한 진로 교육이 이루어져야 합니다.

2. 진로와 독서의 만남

교육부는 진로교육의 최종목표를 '학생 자신의 진로를 창의적으로 개발하고 지속적으로 발전시켜 성숙한 민주시민으로서 행복한 삶을 살아갈 수 있는 역량개발'이라고 제시하고 있습니다. 인간은 각자 고유한 특성을 지니고 태어납니다. 각자의 고유성은 자신의 창조적인 삶을 영위할 수 있도록 개발되어야 하고, 변화하는 미래 직업 세계에서 새로운 직업을 창조해 낼 수 있는 원동력이 되어야 합니다. 따라서 진로교육은 독서를 통한 진로탐색 활동으로 학생들이 행복한 삶을 영위할 수 있도록 설계되어야 합니다.

100명의 아이들을 한 방향으로 뛰게 하면 1등은 한 명밖에 나오지 않지만, 100명의 아이들을 자신이 뛰고 싶은 방향으로 뛰게 하면 모두가 1등이 될 수 있습니다. 자신의 고유한 특성을 탐색하고 발견하여 각자의 영역을 향해 힘껏 뛰어갈 수 있도록 하는 것이 행복한 미래를 위한 진로교육일 것입니다. 학교 현장의 진로교육은 여전히 상급학교 진로진학에 치우쳐 있는 것이 현실입니다. 미래 사회의 직업은 다변화, 세분화, 전문화되고 있음에도 불구하고 아직까지 학생들은 자신의 적성과 흥미가 고려되지 않은 진로진학에 얽매여 있습니다. 이는 부모나 학교의 관심과 욕구가 우리 학생들의 행복한 진로 선택에 걸림돌이 되고 있으며, 경제적으로 안정적인 직업군을 선택하도록 강요당하는 현실에 내몰리고 있기 때문입니다. 이러한 문제점은 자신의 고유한 특성을 살릴 수 없는 경쟁적 구조의 학교 교육 현실이 초래한 결과로도 볼 수 있습니다.

모든 학교급별 진로교육의 목표는 자기이해, 일과 직업세계의 이해, 진로탐색, 진로디자인과 준비입니다. 이러한 네 가지 핵심영역을 학습하면서 꿈과 끼를 마음껏 발산하며 미래 사회에 대응하는 진로교육이 되어야 우리 학생들이 미래 사회의 행복한 주인공이 될 수 있을 것입니다.

진로교육은 일반적으로 자기이해, 일과 직업 세계의 이해, 진로 탐색, 진로 디자인과 준비의 단계로 진행되고 있으며, 각 단계마다 도서를 연계한 진로독서 교육은 진로교육이 실제적이고 지속적으로 진행되도록 하는 데 도움을 줍니다. 이러한 진로독서 프로그램은 적절한 진로연계 도서목록을 제시할 수 있어야 효과적으로 전개할 수 있습니다.

진로독서 교육은 진로교육을 이행하기 위한 자기이해, 직업세계의 이해, 진로정보의 탐색, 진로 준비 및 계획 등을 위한 내용으로 구성된 독서 자료의 선정이 중요합니다. 따라서 진로독서 교육은 진로교육의 지도 내용을 담고 있는 도서를 통해 진로교육의 목적을 달성하기 위한 진로와 독서와의 만남이라고 할 수 있습니다.

진로독서의 대상도서는 진로교육 목표와 성취기준인 자기이해, 일과 직업세계의 이해, 진로탐색, 그리고 진로 디자인과 준비의 4개 핵심 영역을 다루는 진로관련 도서를 말합니다.

진로 비전도서는 책을 읽어가면서 진로교육의 출발인 자기 이해와 자기 발견 즉, 자아정체감, 자아존중감 등 자신의 고유한 특성을 이해하고 발견할 수 있는 독후활동이 가능한 도서를 말합니다. 독자의 시각에서 책과 소통하면서 '나'를 이해하고 직업의 가치관 및 자아정체성을 발견할 수 있으며, 나아가 직업 멘토들의 이야기를 직·간접적으로 체험하여 자신의 진로에 대한 비전과 직업의 가치와 비전을 발견할 수 있도록 돕는 도서를 말합니다.

1) 책 속 인물의 삶을 통해 꿈과 비전을 찾을 수 있는 도서
2) 자기 이해와 자신의 고유한 특성을 찾아 갈 수 있는 도서
3) 책을 통해 직업의 의미, 직업 가치관으로 수렴, 확산이 가능한 도서
4) 직업 멘토의 이야기를 통해 진로에 대한 내적동기를 강화할 수 있는 도서

진로 탐색도서는 다양하고 방대한 직업에 대한 정보를 텍스트로 담고 있는 책을 읽으며 자신의 진로에 대한 진로 로드맵을 위한 독후활동이 가능한 도서를 말합니다. 진로 탐색도서는 직업 세계에 대한 이해와 직업 준비과정들이 포함된 진로진학 정보 및 직업정보에 대한 내용들을 다루는 독서 자료를 말합니다.

1) 진로에 필요한 다양한 정보를 다룬 도서
2) 직업정보 탐색 및 분석이 가능한 도서
3) 다양한 직업세계와 미래 직업세계의 전망이 가능한 도서
4) 진로진학 관련 정보를 내용으로 담고 있는 도서

3. 꿈꾸는 미래 진로독서 이야기

학교 독서교육은 교양독서, 교과독서, 진로독서의 세 영역으로 구성할 수 있습니다. 교양독서는 교과와 특별한 관련이 없으나 학생들의 정서 함양 및 지적 만족을 위한 독서를 말하고, 교과독서는 국어 · 수학 · 사회 · 과학 · 예술 등의 교과교육과 관련되는 내용의 독서를 말합니다. 그리고 진로독서는 학생의 흥미, 적성, 소질, 진로 탐색을 위한 독서를 의미합니다.

앞으로 독서교육을 활성화하고, 도서관 활용 독서교육과 교과연계 독서교육이 정착되기 위해서는 위 세 영역의 독서교육이 자리 잡아야 합니다. 그리고 학생들의 꿈과 끼를 키우는 독서교육을 위해서도 진로독서를 포함한 독서교육의 인식 전환이 필요합니다. 우리 아이들이 행복하게 미래를 설계하도록 돕고 글로벌 시대를 대비하는 미래 인재로 육성하기 위해서도 진로독서는 더욱 중요합니다.

독서교육의 영역을 교양독서, 교과독서, 진로독서의 세 영역으로 구분하고 특성화하는 것은 고등학교뿐만이 아니라 초등과 중학의 모든 학교 독서교육 활성화에도 적용 가능하다고 봅니다. 그러나 학생의 발달과 학교급의 차이를 고려하여 초등학교에서는 교양독서를 강조하고 중학교에서는 교과독서를, 그리고 고등학교에서는 진로독서를 강조할 수도 있습니다.

최근 진로독서가 교육계의 새로운 화두로 떠오르고 있습니다. 우리 (사)전국독서새물결모임에서도 초/중/고 모든 학교 학생들에게 필요한 〈진로독서 가이드북〉을 연구 · 개발 · 출판하여 학위논문 등에 인용되는 등 좋은 반응을 받은 바 있습니다. 한국표준직업분류와 국제분류기준을 반영하여 세세분류 1,206가지 중, 52개의 중분류를 기준으로 각 직업군을 분류하고, 교육과정의 교과정보에 맞춰 학생들의 발달 단계에 적절한 책을 선정하였습니다. 그리고 진로토론 등 진로에 대한 다양한 발문을 개발하여 진로교육을 돕는 책으로 개발하였습니다.

이어 〈진로독서 워크북〉을 출판, 자유학기제에 대비한 진로독서교육 프로그램을 개발하여 대한민국 각급학교 진로교육에 크게 기여하였습니다. 진로독서 워크북은 크게 9개 직업군으로 구성되었습니다. 각 직업군은 스스로 알아보는 진로지수로 시작하여 직업군에 따른 진로도서 3권에 대해 각각의 독서 활동을 워크북 형태로 다양하게 수록하였습니다. 특히 (사)전국독서새물결모임에서 개발한 이야기식 독서토론의 진행 방식을 원용하여 1단계는 배경지식에 관한 발문을, 2단계는 책 속에서 독후 활동을 겸한 진로 찾기 발문을, 3단계에서는 책 밖에서 진로 찾기 발문을 순서대로 수록하였습니다. 각 직업군별로 세 권의 독서를 통한 진로 찾기를 끝내면, 마지막 단계는 인터뷰와 현장 체험 등의 진로 탐색 활동을 체험해 볼 수 있는 자료를 수록하였습니다. 직업군별로 3권의 책이 소개되었으며 그 중 학생이 원하고 선생님이 필요하다고 생각되는 1권의 책을 선정하여 그 책을 중심으로 활용 할 수도 있습니다. 직업군 선택 역시 현재 학생이 원하는 직업군이면 더없이 좋을 것이고 희망하는 직업군은 아니지만 관심이 있는 학생이라도 같은 직업군의 모둠원이 되어 진로독서 활동을 하다보면 그 직업에 대해 깊이 이해하게 되고 더 적극적으로 직업을 탐색해 보는 기회를 갖게 될 것입니다.

이번에 마지막 단계로 〈진로독서 단행본〉 시리즈를 발행하게 되었습니다. 〈진로독서 가이드북〉을 통해 직업군별 도서를 개발하고 〈진로독서 워크북〉에서 제시한 대상 도서를 통해 진로와 직업을 탐구하는 개별 활동을 지원하였습니다. 이제 〈진로독서 단행본〉을 시리즈로 개발하여 우리 아이들이 살아갈 미래를 대비하는 재미있고 행복한 책을 만들고자 하였습니다.

행복한 미래를 위한 〈진로독서 단행본〉 시리즈는 먼저 〈진로독서 가이드북〉에서 언급된 직업군 중에서 우리 자녀들이 살아갈 20-30년 후의 미래 사회에 필요한 미래 직업군을 추출하였습니다. 그 후, 미래 직업군별로 알맞은 책을 선정하는 작업을 실시하였습니다. 이 과정이 이번 출판 연구 활동의 고비였습니다. 미래 직업이다 보니 관련 도서가 많지 않고 아예 관련 도서가 없는 직업군도 있었습니다. 그래서 미래 직업군별로 3권의 도서를 선정하기도 하고 때로 2권의 도서와 1개의 매체 자료를 통해 미래 직업을 탐색하는 과정을 독서활동을 통해 가능하게 기획하였습니다. 이러한 진로독서 활동을 통해 관련 진로탐색 활동이 좀 더 구체적이고 연중 지속 가능하게 하였습니다. 특히 2015 개정 교육과정의 핵심역량을 발문 유형으로 제시하여 창의융합 교육이 가능하며, 진로독서 교육이 실제적으로 교육현장에서 가능하도록 디자인하여 출판하였습니다.

　이번에 발간하는 <꿈꾸는 미래 진로독서>는 미래의 직업 이야기를 중심으로 아래와 같이 디자인하여 구성하였습니다.

　1. '재미있는 직업이야기'에서 직업 노크하기는 직업정보의 구성으로 관련 매체와 자료를 활용한 직업에 관한 기본적인 정보 읽기로 구성하였습니다.
　2. '누구에게 어울릴까?'에서는 흥미와 적성, 현황 및 전망에 대한 내용으로 구성하였습니다.
　3. '진로독서 함께 해요'에서 진로독서 활동의 구성은 두 권의 직업군 관련 도서를 활용한 독후활동으로 교육과정 연계 독서활동, 3단계 이야기식 진로독서 활동, 진로독서 토론, 진로독서 논술로 구성하였으며 세 번째 독서활동 자료로는 교과서 및 관련 매체 활용 읽기자료를 읽고 생각해 볼 수 있는 내용으로 구성하였습니다.

1) 교육과정 연계 독서활동으로는 자기관리 역량, 지식정보처리 역량, 창의적 사고 역량, 심미적 감성 역량, 의사소통 역량, 공동체 역량 함양

2) 3단계 이야기식 진로독서활동으로는 배경지식으로 찾아보기, 책 속에서 진로 찾기, 책 밖에서 진로 찾기

3) 진로독서 토론으로는 해당 직업관이나 진로관련 주제를 가지고 찬반의 토론지를 작성하고 토론하기

4) 진로독서 논술로는 직업 가치관이나 진로관련 주제나 논제를 제시하여 깊이 있는 논의 전개하기

4. '미래를 여는 진로탐색'에서는 직업 옆에 직업이 존재하듯이 4개 정도의 유사 직업군에 관한 직업정보를 안내하고 있으며, 관련 단체 및 기관을 소개하여 직업정보에 대한 폭넓은 접근 기회를 제공하고 있습니다.

진로독서는 자신의 흥미와 적성은 무엇인지? 무엇을 하고 싶어 하는지? 또 무엇을 잘하는지? 잘 알고 있는 것과 모르는 것은 무엇인지? 책을 통해 알게 되고 깊이 있게 자신에 대해서 성찰할 수 있는 자기 주도적 의사소통 행위입니다.

몇 년 전 지방의 작은 중학교에서 진로독서 프로그램을 진행할 때의 일입니다. 중학교 1학생 남학생 그룹들은 늘 체육복을 입고 다녔고 교복을 제대로 입은 모습은 1년이 다가도록 보지 못했던 학생들이 있었습니다. 그 학생들은 홀랜드 유형에서 현실형 유형의 학생들이었고, 책은 초등학교 때도 제대로 읽어본 경험이 없던 학생들이었습니다. 그런데 자신들의 진로와 직업군과 관련된 책을 선정해서 읽도록 했을 때에는 놀라운 일

이 일어났습니다. 지금까지 만화책을 제외하고 끝까지 책을 읽어본 적이 없었다고 말하며 관련된 책들을 도서관에서 읽기 시작하였습니다. 이렇듯 자신의 흥미와 적성에 맞는 도서를 선택하여 읽고 관심 있는 멘토를 책을 통해서 만나고, 자신이 꿈꾸는 미래의 직업 정보에 대한 정보도 책을 통해서 알게 되었습니다.

진로독서는 자기이해와 자기효능감, 직업정보, 직업인 특강, 직업체험, 진로상담 등과 관련한 많은 프로그램들이 독서를 통해 개발되어 진행되고 있습니다. 진로독서 탐색활동은 자기 자신에 대한 이해를 극대화할 수 있는 가장 큰 장점이 있습니다. 자기성찰과 자신의 고유한 특성을 찾을 수 있는 진로독서활동이 활성화 된다면 학생들은 자신의 흥미와 관심에 집중하는 진로독서 탐색행위로 발전할 것입니다. 진로독서를 통한 진로교육은 학생들에게 책을 통한 진로탐색 활동으로 자기 주도적인 행복한 삶을 영위할 수 있도록 도와줄 것입니다.

멀지않은 미래에 자신의 진로에 도움을 주었고, 지금의 자신이 있을 수 있었던 동기가 되어준 한권의 책을 찾을 수 있기를 진심으로 바랍니다.

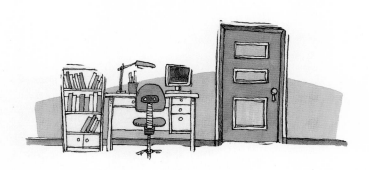

1장

가상현실전문가

가상현실전문가란

인간이 생활에 필요한 가상세계가 무엇인지 파악하여, 3차원모델링 (3D modeling) 및 가상현실모델링 언어(VRML)등을 이용하여 가상의 시공간에서 가상시스템을 개발하는 사람을 말한다.

직업 노크하기

영화 〈매트릭스〉의 포스터입니다.

출처 : 영화 매트릭스

2199년. 인간들은 태어나자마자 인공지능 컴퓨터(AI: Artificial Intelligence)에 의해 인공자궁에 갇힌다. 인간은 인공지능 컴퓨터(AI)의 에너지원으로 소모된다. 또한 AI는 인간의 뇌에 매트릭스라는 프로그램을 입력한다. 이 프로그램에 따라 인간은 1999년의 가상현실을 살아간다.

인간이 보고 느끼는 것은 AI가 입력하는 것들이다. 또한 인간의 모든 행동은 그들의 통제 하에 있다. 인간의 기억을 포함한 모든 행동은 그들에 의해 입력되고 삭제된다. 인간은 꿈속에서 현실을 알 수 없듯이 가상현실 속에서 현실을 알 수 없다.

꿈에서 깨어난 자들만이 진정한 세상을 지배할 수 있다. 매트릭스의 밖은 가상현실을 인지하고, 꿈에서 깨어난 진정한 인간들이 사는 곳이다. 그들은 AI의 통제에 맞서 싸우는 인간들이다. 이 마지막 남은 인간 특공대들은 AI가 인간의 뇌에 심어놓은 매트릭스에 침투하여, 인류를 해방시킬 "그"를 발견한다. "그"는 컴퓨터 프로그래머인 토마스 앤더슨이다. "그"는 인간 특공대의 지휘자인 모피어스로부터 매트릭스에 대하여 알게 된다. 마침내 그는 매트릭스 밖의 진짜 현실과 꿈 중 어느 것이 진짜인가?

자신이 진짜라고 믿었던 현실이 AI에게 양육되고 있는 가상현실임을 알게 되고, 매트릭스로부터 탈출을 시도하는데……

이 영화의 대사 중에 다음과 같은 대화가 나온다.

"네오! 너무나 현실 같은 꿈을 꾸어본 적이 있나?

만약 그 꿈에서 깨어나지 못한다면?

그럴 경우 꿈속의 세계와 현실의 세계를 어떻게 구별하겠나?"

현실과 꿈 중 어느 것이 진짜인가?

동양의 고전인 "장자"에도 다음과 같은 이야기가 나온다.

장자는 꿈에 나비 꿈을 꾸고 잠에서 깨어난 후

지금 내가 나비 꿈을 꾼 것인가? 나비가 지금 나의 꿈을 꾸고 있는 것인가?

의심했다.

우리가 살고 있는 이 현실은 진짜일까?

너무나 현실 같은 가상현실이 우리 주위에 와 있다.

가상현실전문가란 무엇인가? 에 대한 답을 찾아 떠나 보자.

가상현실전문가란 3차원모델링(3D modeling) 및 가상현실모델링 언어(virtual reality modeling language VRML)등을 이용하여 가상의 시공간에서 가상시스템을 개발하는 사람을 말한다. 3차원 모델링(3D modeling)은 컴퓨터에 데이터로 저장되지만 컴퓨터 그래픽으로 표현된다. 보통 3차원적인 물체는 실제 물체와 비슷한 양감, 질감을 갖게 된다. 가상현실 전문가가 만드는 가상의 시스템을 "가상현실"이라 한다.

'가상현실'은 영어 'Virtual reality'의 번역어이다. 그러나 이 말은 자체에 모순이 있다. Virtual이란 실제로 존재하지 않는 모습을 뜻하며, reality는 현재 사실로 나타난 모습을 뜻하기 때문이다. 그러나 우리가 가상현실에서 말하는 Virtual이란 형식상 현재에 나타나지는 않지만 효력 면에서는 현실에 있는 이란 뜻으로 사용된다. 우리가 〈매트릭스〉라는 영화를 보면서 영화 속의 내용이 실제 현실에서 일어나지는 않지만 우리 손에는 땀이 나고, 가슴을 죄는 등의 효과는 실제로 일어나는 것이다. 이것을 '가상현실'이라고 한다. 이와 같은 효과는 책을 보거나 꿈을 꿀 때, 혹은 무서운 것을 상상만 해도 일어난다.

영화 속의 주인공 네오와 스미스와의 격투 중 다이나믹한 장면이 많이 나온다. 네오는 날아오는 총알을 피하기도 하고, 스미스에게 쿵푸로 공격을 가하기도 한다. 이 영화처럼 가상현실이란 현실에 존재하지 않으면서 우리에게 효과를 미치는 모든 것을 말한다.

하지만 여기서 말하는 가상현실은 꿈이나 소설, 영화에서 나오는 것이 아니라, 컴퓨터 시스템에 의해 만들어지고 구현된 사실, 사건, 현상이라고 말할 수 있다. 그러면 가상현실 전문가에 의해 창조되는 컴퓨터 시스템이란 무엇인가? 컴퓨터 시스템이란 HMD[1], 데이터 장갑, 3D그래픽 등을 이용한 시뮬레이션 시스템을 말한다. 단지 시뮬레이션 시스템만이 아니라 인터넷 네트워크가 구현한 사이버 공간에서 펼쳐지는 사물, 사건, 현상을 포함한 의미로 사용된다.

이때 가상현실을 만들려고 하는 가상현실 전문가는 사용자가 원하는 가상세계나 시스템을 정확하게 파악해야 한다. 또한 파악된 시스템을 분석하여 개발방향을 설정하고, 컴퓨터 그래픽을 이용하여 사용자가 현실감을 느낄 수 있는 가상현실시스템을 디자인한다. 수정을 거쳐 컴퓨터 언어를 이용하여 컴퓨터 시스템에 의해 구현되고, 실제적 효력이 있는 사건, 사물, 현상의 새로운 세계를 창조한다.

---

1) Head Mounted Display의 약자로 머리에 쓰고 보는 작은 디스플레이로 가상현실, 증강현실 등을 경험할 수 있는 휴대용 장치

현재 가상현실은 실제 생활에 필요한 어떤 분야에도 적용될 수 있다. 몇 년 전까지만 하더라도 대규모 제조업체나 군사시설, 우주 개발 등 특수한 분야에서만 사용되었다. 하지만 가상현실 시스템을 구현하는 기기들의 가격이 크게 하락하면서 일반 소비재 기술에서도 사용될 수 있게 되었다. 가상현실전문가는 3D 및 가상현실모델링언어(VRML) 등의 기술을 이용해 가상시스템을 개발한다. 가상현실 전문가는 가상현실을 이용하고자 하는 분야의 가상세계가 무엇인지 파악하여 개발방향을 설정한다. 가상현실 시스템을 가능하게 하는 HMD, 데이터 장갑, 3D그래픽 등의 시장에서 모션센서와 디스플레이, 프로세서의 성능이 크게 개선되었고, 가격은 훨씬 저렴해진 덕분이다.

이 분야에 취업하기 위해서는 특별한 전공의 제한은 없다. 다만 전자공학과, 정보통신학과, 컴퓨터공학·그래픽·디자인학·소프트웨어·응용제어·프로그래밍 등 컴퓨터 관련 학과에서 공부하는 것이 좋다. 또한 관련 자격으로는 정보처리기사, 시각디자인산업기사, 시각디자인기사, 컴퓨터그래픽스운용기능사 등이 유리하다. 이 외에도 컴퓨터 소프트웨어 분석·설계 및 운영능력, 시각 디자인 능력, 정보처리능력 등이 요구된다. 기획이나 분석을 할 때 개인의 능력도 중요하지만 협업이 필요하여 팀워크를 맞추는 능력을 기를 필요가 있다. 컴퓨터를 이용하기 위한 공간 지각력이 요구된다.

가상현실 기술은 인간의 힘으로는 어찌해 볼 수 없는 극한 상황 즉 원전사고, 산불, 깊은 바다 속 등을 가상하여 실험할 수 있다. 또한 가상 은행,

도서관, 백화점 등 일상에서 쉽게 보지만 특별한 실험이 필요한 곳 등도 만들어 볼 수 있다. 가상현실의 적용범위는 무궁무진하다. 건축가들이 집을 짓기 전 컴퓨터를 통해 미리 지어볼 수 있는데, 이것은 유조선 건조, 자동차 조립 등에도 적용될 수 있다. 고분자 모형을 만들거나 새로운 분자화합물을 만들어 실험에 이용할 수도 있다. 이와 같은 상황을 고려할 때 현실을 재창조할 수 있는 창의력이 가장 필요한 직업이라 할 수 있다.

요즈음 가상현실의 한 분야라 할 수 있는 증강현실(AR : Augmented Reality)기법이 광고 등 여러 분야에 접목되고 있다. 이러한 증강현실의 유행으로 새로운 마케팅 시장이 열리고 있는 것이다. 앞으로 가상현실기술이 더욱 발전한다면 현실의 삶보다 훨씬 다양한 삶을 즐길 수 있을 것이다. 영화를 비롯한 게임, 오락은 물론 야구나 골프 등 스포츠 분야, 운전연습, 비행시뮬레이션 등 다양한 분야에 광범위하게 응용될 수 있을 것이다. 이처럼 가상현실전문가의 수요는 점점 증가할 것으로 보인다. 이와 같이 가상현실은 우리 현실에서 일어나는 모든 것을 미리 해볼 수 있게 만든다. 우리 주변의 일을 어떻게 가상현실 속에서 구현할 것인가를 연구한다면 진로는 무궁무진할 것이다.

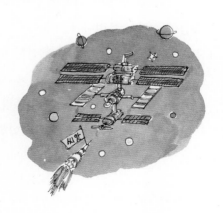

흥미와 적성

가상현실(Virtual reality)이란 1989년 미국의 컴퓨터 공학자 레이니어(J. Lainier)에 의해 처음 사용되었다. 하지만 가상현실 시스템을 구성하는 여러 기술은 이 말이 나오기 이전부터 있었다. 가상현실전문가가 되기 위해서는 컴퓨터 과학, 컴퓨터 그래픽스, 통신, 계측과 제어, 예술, 인지과학, HCI[2], 로보틱스 등에 관심이 있어야 한다. 이러한 공학적 기술 외에 사회를 보는 통찰력과 분석력, 창의력, 공간 지각력이 필요하다. 과학 연구, 보안, 훈련, 의료, 예술, 오락 등 폭넓은 분야에서 응용되고 있기 때문에 분석적 사고와 혁신 능력을 가진 사람들에게 유리하다. 가상현실전문가는 기술적으로는 전자공학과, 정보통신공학과, 전파통신공학과, 컴퓨터정보통신공학과 등이 유리하며, 기획력 분야에서는 철학이나 심리학, 정신 분석학을 졸업하는 것이 유리하다.

자신의 적성이 종합적이라면 도전해 볼만 하다. 즉 단순한 작업을 반복적으로 하는 것보다 넓게 세상을 보고 새로운 시각을 제공하는 등 세상에 대한 폭 넓은 응용력이 있는 사람이 좋다. 현실에 안주하는 형보다는 진취적이고 탐구적인 성격의 사람에게 적합하며, 현실에 대한 분석력, 혁신적 사고 등을 가진 사람이 유리하다.

---

2) Human-Computer Interaction. 인간과 컴퓨터 간의 상호작용에 대해 연구하는 학문 분야다.

현재 이 분야는 게임을 필두로 음악, 엔터테인먼트, 스포츠, 쇼핑, 문화, 의료 등 전 산업에 걸쳐 적용되고 있다.

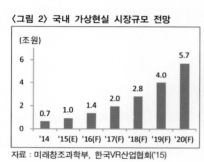

〈그림 2〉 국내 가상현실 시장규모 전망

자료 : 미래창조과학부, 한국VR산업협회('15)

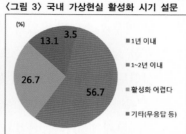

〈그림 3〉 국내 가상현실 활성화 시기 설문

- 1년 이내
- 1~2년 이내
- 활성화 어렵다
- 기타(무응답 등)

주 : 국내 30개 IT 기업 대상 설문조사 결과
자료 : 이데일리('16.5)

국내의 경우 가상현실 관련 하드웨어 콘텐츠 시장규모는 2015년 9,636억 원으로 추산되며 2020년에는 5조 7,271억 원으로 성장할 것이라고 전망하고 있다. 또한 2016년 기준으로 1~2년 이내에 가상현실이 활성화될 것이라는 설문 결과를 주목할 필요가 있다.[3]

《세컨드 라이프》(Second Life) 즉 '두 번째 삶'은 린든 랩이 개발한 인터넷 기반의 가상 세계로 2003년에 시작되었다. 이 세계에 가입하면 세컨드 라이프 뷰어라는 클라이언트 프로그램을 통해 이용자(이 프로그램에서는 거주자라 함)는 다른 거주자들을 만나 각종 활동에 참가할 수 있다. 자신의 자산과 서비스를 만들어 다른 거주자와 거래도 할 수 있다.

온라인 게임과 비슷하지만, 온라인 게임과는 달리 승패를 겨루거나, 목

---

3) [출처] 네이버 블로그 : 닥터마미의 행복한 세상만들기.

표를 달성하기 위한 활동을 하거나 등위도 없다. 거주자는 드라이브를 하거나, 파티를 즐기는 등 가상의 세상에서 삶을 살아갈 뿐이다. 이 가상의 세계에서는 전용 화폐인 린든 달러를 사용하기도 한다. 현실은 아니지만 새로운 삶을 즐기며 살 수 있는 자신만의 세상이 열린 것이다. 물론 그것이 가상현실이긴 하지만…….

위의 예는 현재 일어나고 있는 변화의 한 단면에 지나지 않는다. 현대인들은 누구나 현실과 소외되어 있다. 그 소외된 삶이 가상현실 속에서는 자신만의 고유한 삶으로 재탄생할 수도 있다. 이렇게 새롭게 만들어진 세상은 가상현실전문가의 머릿속에서 만들어지며 운영된다. 육체적 삶이 아닌 정신 속의 삶이라 할 수 있다. 이와 같은 가상의 삶은 현실의 삶에 여러 가지 문화적 및 경제적 파급을 가져 올 것이다. 현재 국내 가상현실기술은 시작단계에 머물고 있지만, 향후 여러 방면에서 개발연구와 관련하여 고용수요는 폭발적으로 늘어날 것으로 예상된다.

첫 번째 독서 활동

도서	감쪽같은 가상현실	도서정보	크리스 옥슬레이드 / 이상헌 역/ 주니어 김영사/ 2000년
교육과정 핵심역량	지식정보처리 역량, 창의 융합 사고 역량, 공동체 역량	직업군	가상현실 전문가

『감쪽같은 가상현실』에서 말하는 가상현실이란 컴퓨터 시스템에 의하여 구현되어, 사용자가 마치 실제 상황인 것처럼 느낀다. 또한 그 느낌은 인간에게 실제적 효력을 발휘하는 것을 말한다. 이러한 의미의 가상현실은 아니지만 우리가 꿈을 꾸거나 영화를 볼 때 실제 상황은 아니지만 손에 땀이 나거나, 등골이 오싹해지는 경험을 한 적이 있을 것이다. 근래 들어 가상현실은 각종 영화나 소설, 그리고 게임 등에 사용되어 많은 사람들에게 즐거움을 선사하였다. 이제 오늘날의 가상현실은 여러 기기의 발전으로 말미암아 가상현실 시스템이 개발되었고, 이 가상현실 시스템은 사회 각 분야의 현실에 접목되어 실생활에 이용되기 시작하였다.

미래사회에는 사회 전 분야에 걸쳐 가상현실이 우리의 현실 속으로 들어와 현실의 문제점을 해결하고, 현실보다 더 현실 같은 상황을 연출할 것이다. 이 책은 가상현실의 개념과 원리, 시작에서 현재의 모습, 그리고 가상현실이 나아가야 할 미래까지 자세하게 설명되어 있다. 그리고 복잡한 이론과 원리를 그림과 함께 설명하여 누구나 쉽게 이해할 수 있도록 배려하였다.

교육과정 연계 독서 활동

가. 지식정보 처리 역량

📢 자기가 컴퓨터를 이용하여 가상현실에 접속한 적이 있으면 말해 보세요.

- 야구나, 축구 혹은 우주여행 같은 컴퓨터 게임을 한 적이 있다.
- 모르는 곳에 갔을 때 길 찾기 앱을 이용하여 길을 찾았다.
- 미술관이나 박물관 싸이트에서 작품을 감상하였다.

📢 가상 현실 시스템을 구성하는 요소들에 어떤 것들이 있나요?

- 데이터
- 응용프로그램(컴퓨터 내장 프로그램)
- 컴퓨터
- 입출력 장치 : 데이터 장갑(입력장치), HMD(출력장치)

📢 가상현실에서 우리가 할 수 있는 창의적인 일들은 어떤 것들이 있는지
말해보세요.

- 가상 예술 : 가상 미술관에 들어가서 전 세계 미술 박물관의 작품을
감상한다.
- CAD⁴⁾와 CAM⁵⁾ 프로그램을 이용하여 가상 자동차를 만들어 본다.
- 컴퓨터를 이용하여 나의 아바타를 만들어 본다.

4) Computer Aided Design. 컴퓨터를 사용해 설계를 하는 시스템
5) Computer Aided Manufacturing. 컴퓨터를 사용해 제조작업을 하는 프로그램

📢 우리 주위에서 가상현실을 이용한 사례를 찾아보세요.

- 틀니, 보청기, 안경 등은 우리 신체의 약점을 보완해 주지만 실제 우리
몸의 기관은 아니다.
- 실제가 아닌 오락실에서 운전연습을 해본다.
- 스크린 야구게임이나 스크린 골프 등은 실제 운동장이나 골프장이 아니
지만, 실제와 같은 연습이 가능하다.
- 해외 유명 관광지를 미리 돌아 볼 수 있다.

🔊 중세 시대 유행했던 흑사병이나 일본에 큰 피해를 준 지진 등 인간에게 큰 해를 주었던 사건을 경험 해보고, 인간의 대책을 말해 보세요.

- 중세 시대 유행했던 흑사병을 가상현실을 이용하여 체험한다.
- 지진이나 해일을 가상현실을 통해 경험해본다.
- 화산 속으로 들어가 어떻게 화산 활동이 이루어지는지 체험한다.

🔊 롤 플레잉 게임(Role-playing game)를 해 본적이 있나요? 그 롤 플레잉 게임을 통해 할 수 있는 것들은 어떤 것이 있을까 생각해 보세요.

- 나폴레옹이나 징키스칸과 같은 역사적 인물들과 대화해 본다.
- 세익스피어 가상 연극에 직접 출연해 본다.
- 유명한 록밴드와 함께 연주회를 개최해 본다.

3단계별 이야기식 진로독서활동

가. 배경지식으로 찾아보기

📣 가상현실로 할 수 있는 것에는 어떤 것이 있나요?

비행기 조종연습, 의료실습 훈련, 자동차 정비, 과학 연구, 물건 설계, 공
포증 치료 등 인간 사회의 모든 것을 할 수 있다.

📣 '구글 글래스'는 2015년 1월 생산과 판매를 중단한다고 발표했다. '구글
글래스'로 할 수 있는 일과 판매 중단 이유는 무엇일까요?

- 번지점프, 스카이다이빙 등을
  중계한다(일반적인 입력 장
  치는 손으로 한다)
- 사람이 보는 각도나 구도대로
  사진이나 동영상을 촬영할 수
  있다.
- 문자나 지도 등을 사용할 수
  있다.
- '몰카' 등 사생활 침해로 악용될 수 있다.
- 출입금지구역 등에서 촬영을 할 수 있다.

📢 가상현실을 구현하는 기기(입력장치, 컴퓨터, 출력장치)를 만드는데 필
요한 직업에는 어떤 것들이 있나요?

- 컴퓨터 공학가

- 데이터 장갑, 안경, 청각 인터페이스, 음성인식 등 인터페이스[6] 개발자

- HMD, 3D 스크린 개발자

- 원격 존재 로봇(T봇) 개발자

- 사진이나 동영상 촬영 기사

- 바이오 컨트롤러 : 생체 제어 장치

6) interface. 좁게는 컴퓨터 및 소프트웨어 조작 방식을 말하며 넓게는 서로 다른 두
물체 사이에서 상호간 대화하는 방법을 의미한다.

📢 가상현실을 만드는데 필요한 직업은 어떤 것들이 있을까요?

- 화상 회의 기획자

- 증권 거래인

- 게임 기획자

- 스토리 텔링 작가

- 온라인 쇼핑 호스트

- 가상 여행사 디자이너

- 그래픽 기사

🔊 가상현실을 이용하여 할 수 있는 일들에는 어떤 것들이 있을까요?

- 스마트 교육 : 화산폭발의 원리 모의 실험, 디지털 악기 체험 등
- 디지털 교과서 : 멀티미디어 자료, 하이퍼 링크 기능 사용.
- 스마트 워크 : 자율 출·퇴근, 재택근무
- 모의 수술 실험 : 의사의 모의 수술 실험을 가상 현실에서 체험.
- 자동차 산업과 항공산업
- 직업교육 : 가상 폭발물 처리, 가상 화재 현장 처리
- 재활 훈련 : 신체의 일부를 가상으로 처리하여 재활 훈련

🔊 가상현실을 구현하는데 필요한 인문학적 소양에는 어떤 것들이 있을까요?

영화 매트릭스에는 가상현실의 '나'와 실제 생활의 '나'가 혼재한다.
이때 사이버 속의 '나'와 현실 속의 '나'에 대한 철학적, 심리학적, 상
담학적 소양이 필요하다.

몇 년 전 광주에서 한 중학생이 잠자던 자기 동생을 흉기로 무참하게 살해한 일이 있었다. 인터넷 게임 중에 살인을 하면 점수가 오르는데, 실제와 혼동하여 자신의 동생을 죽인 사건이다.

📢 토론 주제 : 사이버 영역은 제한되어야 한다.

찬성

사이버 세상은 현실과 다른 세상이기 때문에 해를 끼칠 수 있다.

반대

무슨 일이든 부작용은 있다. 부작용 때문에 기술개발을 소홀히 하면 안된다.

🔊 자신이 매트릭스의 주인공인 네오가 되었다면 어떻게 대처할지 적어
보세요.

도서	가상현실을 말하다	도서정보	이민화 외 8명/ 클라우드북스 / 2016년
교육과정 핵심역량	지식정보처리 역량, 창의 융합 사고 역량, 공동체 역량	직업군	가상현실 전문가

『가상현실을 말하다』는 가상현실 산업에 종사하는 콘텐츠 제작자, 의사결정자, 정책 결정자, 투자자, VR 분야로 진출을 준비하는 업체 모두가 참고할 만한 책이다. 4차 산업의 핵심은 O2O, 즉 온라인과 오프라인의 융합이며, 이 O2O의 결정판이 가상현실이다. '현실이 아닌 현실을, 현실과 같은 생태계' 로 구축해야 한다. 이러한 작업에 필요한 요소를 기술적, 현실적, 역사적 상황을 바탕으로 기술해 놓았다. 가상현실의 제작과 관련하여 VR의 의미와 VR 기기의 특성, 콘텐츠 제작에 관한 내용을 조명하였다. 결론은 VR 기기의 장단점을 완전히 파악하여, VR 전문가가 VR 효과를 높일 수 있는 콘텐츠를 만들어야 한다. 그래야만 사용자가 감동을 받을 수 있기 때문이다. 4차 산업이란 지식 집약적 산업을 말하는데, VR산업은 이러한 흐름에 안에 있다. VR 콘텐츠가 양산되고, 플랫폼이 안정적으로 돌아간다면, 분명 VR시장은 중요 사업으로 발돋움 할 것이다.

이때 중요한 사항은 현실에 패배한 사용자를 환상의 세계로 도피시키지 말고, 진짜 현실에 다른 관점에서 접근하도록 할 수 있도록 해야 한다. 가상세계를 꿈꾸는 사람은 새 세상의 프레임을 창조해야 하기 때문이다 그것이 VR 산업이 나아가야 할 궁극의 목표일 것이다.

교육과정 연계 독서 활동

가. 지식정보 처리 역량

📢 1차~4차 산업혁명이란 어떤 차이가 있는지 설명해 보세요

- 1차 산업혁명은 '증기'기관을 통한 기계적 생산방식
- 2차 산업혁명은 '전기'를 이용한 대량 생산방식(1,2차를 물질혁명)
- 3차 산업혁명은 '컴퓨터'를 이용한 생산 자동화(3차를 정보혁명)
- 4차 산업혁명은 '소프트웨어'를 통한 기술융합이라 할 수 있다.

(4차를 지능혁명)

📢 4차 산업혁명의 특징은 무엇인지 알아보세요.

- 4차 산업혁명은 기술융합의 시대인데 이에는 다음과 같은 것이 있다.
. o2o 즉 online 과 offline의 융합
. 아날로그와 디지털의 융합(Digilog)
. 제품과 서비스의 융합(Product Service System)
. 데이터와 사물의 융합 IOT(Internet of things)
. 가상공간과 실제공간의 융합. CPS (Cyber Physical System)

나. 창의 융합 사고능력

📢 가상현실 기술에서 융합의 기술을 사용한 것에는 어떤 것들이 있나요?

- 골프 존 : 제주도의 특정 골프장을 선택하면 실제와 유사한 화면 제공.
- 가상 야구 : 야구에서 직구, 커브 등을 선택하면 실제와 유사한 공 제공.
- HP : 컴퓨터와 스캐너 융합
- 알트스페이스 : '가상현실 SNS' - 아바타끼리 SNS
- 닌텐도 : 가상현실 체력 단련 프로그램 - 게임을 하면서 물리치료
- 뉴로 VR : 가상현실 수술 도구 판매
- 임프르브 : 3D 설계 소프트웨어 - 가상현실에 접속하여 설계상황 토론
- 트윈모션 : 3D 모델링 소프트웨어 - 가상 건축

📢 가상현실을 구현하는데 필요한 기법은 어떤 것들이 필요한가요?

- 스토리 텔링
- 영상문법
- 화면 구성

다. 공동체 역량

📢 나를 대신하는 '아바타'가 이 세상에 있다면 무엇을 할 것인가? 또 나의
의미는 무엇일까 생각해 보세요

- 내 대신 아바타가 모든 일을 대행하니 무기력해 질 것이다.
- 내 대신 전쟁터에 아바타가 나갈 것이니 안전할 것이다.

📢 가상현실이 현실과 같아질 때 우리 인간들의 행동은 어떻게 변할 것일
지 생각해 보세요.

가상현실은 어디까지나 컴퓨터가 만든 인공 현실이다. 인간은 인간다
운 사회를 원하고, 인간과 함께 하는 사회가 필요할 것이다.

📢 가상현실이 어떤 분야에 필요한지 조사해 봅시다.

- 고객 상담 혁신 : 고객은 상품을 실제 대면하는 것처럼 상담이 가능하다.
- 교육혁신 : 활화산의 내부를 보거나 깊은 바닷 속을 탐험하는 등 실험적 수업이 가능하다.
- 위험을 감수하는 연습이나, 체험을 가상현실에서 진행
- 현실에서 쌓인 피로를 풀 때 필요

📢 가상현실을 구현하는데 필요한 인접기술에는 어떤 것들이 필요할까요?

- 컴퓨터 공학
- 정보통신 기술
- 클라우드, 빅데이터 기술
- 사물 인터넷

📢 O2O(Online to Offline) 융합을 위한 기술에는 어떤 것들이 필요하며, 이 기술을 발전시키기 위해서는 어떠한 교육이 필요할까요?

- 클라우드, 빅데이터 기술 : 인간의 기억을 대신할 기술. 과거 현재 미래의 구별을 완화해준다.
- IOT(사물인터넷), GPS(위성위치확인시스템) : 인간사이의 거리감을 대신할 기술. 공간의 차이를 극복해준다.
- 웨어러블IOB(생체 인터넷), SNS(사회네트워크시스템) : 인간과 인간 사이의 거리감을 해소.

📢 가상현실은 결국 컴퓨터가 만든 인공물이다. 이것을 인간에게 적용하기 위해서는 보완해야 할 여러 기술이 필요한데 어떤 것들이 필요할까요?

- HMD는 머리에 써야 하기 때문에 무게감이나 착용감이 불편하며, 마우스나 키보드의 도움없이 입력이 힘들다. 또한 유선으로 연결되어 무선화가 필요하다.
- 3D 화면은 시야 폭이 좁고, 과도한 시각효과는 멀미를 유발한다.
- 카메라 기술
- UI 기술의 다양성

📢 가상현실의 발전으로 이제는 시간과 공간의 제약을 극복할 수 있게 되었다. 이때 우리가 발전시킬 수 있는 영역은 어떤 것들이 있을까요?

- 시골에서 지은 농산물을 온 라인 상에서 판매할 수 있다.
- 해외 여행객을 모집할 때 관광지를 미리 설명해 줄 수 있다.
- 종합병원에 가지 않아도 종합병원 의사의 진료를 받을 수 있다.
- 해외에서 근무하는 사람이 식구들과 서로 안부를 확인할 수 있다.

📢 가상현실이 우리 산업에 미치는 영향에는 어떤 것들이 있을까요?

- 가상현실로 소비자들은 시간과 공간의 차이를 넘어 소비를 할 수 있다.
- 생산자들은 시제품을 가상현실에서 만들어 미리 시험하고 실제제품을 생산할 수 있다.
- 생산자와 소비자가 서로 필요한 것을 공유하며 물건을 생산할 수 있다.
- 생산자와 소비자가 서로 그 위치를 바꾸면서 생산할 수 있다.

📢 토론 주제 : 사이버 공간에서 나의 아바타는 필요하다.

정보화 사회를 살아가면서 사이버 공간에 나에 대한 정보가 노출되면 곤란한 일이 생길 것이다. 그렇기 때문에 사이버 공간에서 활동할 아바타가 필요하다.

반대

사이버 공간의 익명성 때문에 많은 문제가 생긴다. 인간사회의 믿음과 진실을 공유하기 위하여 아바타는 불필요하다.

📢: 자신이 가상현실의 주인공이라고 가정하고 하고 싶은 일을 적어 보세요.

세 번째 독서 활동

📢 다음 기사 내용을 보고 물음에 답하시오.

증강현실로 가상의 손 · 발 만들어 절단 환자
'환상지통' 극복 도와

사고로 손이나 발을 잃은 사람들은 심각한 통증을 호소하는 경우가 많다. 절단된 부분이 아직도 남아 있는 것처럼 느껴지면서 통증이 온다는 것이다. 가상의 손발에서 오는 고통이라고 해서 환상지통(幻想肢痛)이라고 한다. 절단 환자의 80% 이상이 이런 고통을 겪지만 별다른 치료법이 없는 실정이다. 스웨덴 찰머스공대의 막스 오티즈 카탈란 교수 연구진은 지난 1일 국제 학술지 '랜싯'에 게임에 쓰이는 증강현실(Augmented Reality · AR) 기술로 환상지통을 절반으로 줄였다고 밝혔다. 증강현실은 '포켓몬 고' 게임에서처럼 현실 세계에 가상의 물체를 겹쳐 보이게 하는 기술이다.

그림 8 ▲ 모니터에 비친 증강현실 거울 영상. 팔을 절단한 환자의 실제 모습에 가상의 팔이 결합된 모습이다. /스웨덴 찰머스공대

스웨덴 찰머스공대연구진은 손을 절단한 환자 14명의 남은 팔에 센서를 부착하고 근육 신호를 파악했다. 이를 바탕으로 환자가 절단된 손을 움직이려고 하면 컴퓨터가 환자가 원하는 손동작을 입체 영상으로 만들었다. 마지막으로 환자의 실제 몸을 가상의 손 영상과 결합해 증강현실 영상을 만들었다. 환자는 모니터를 통해 사고를 당하기 전 자신의 모습을 보면서 가상의 손을 움직이는 훈련을 했다. 증강현실 속에서 두 손으로 핸들을 잡고 카레이싱 게임도 했다. 6개월 후 환자들은 놀라운 치료 효과를 보였다. 환자들이 느끼는 통증의 강도는 32% 줄었으며, 통증의 빈도나 지속 시간은 47% 감소했다. 일상생활이 환상지통으로 방해받는 일도 43% 줄었으며, 잠을 설치는 경우는 61%나 감소했다.

환상지통의 원인은 아직 분명하게 밝혀지지 않았다. 뇌가 손발이 잘린 상황에 적응하지 못해 여전히 잘린 신체 쪽으로 신경 신호를 보내기 때문인 것으로 추정한다. 카탈란 교수는 "이번 결과는 뇌의 적응을 돕기 위한 기존의 거울 치료를 컴퓨터로 대신한 것"이라고 말했다.

(조선일보 & Chosun.com 2016.12.08. 이영완 과학전문기자)

1) '가상현실'과 함께 '증강현실'도 각광을 받는 시대가 되었다. '증강현실 (Augmented Reality, AR)'이란 '가상현실(Virtual Reality)'의 한 분야로 실제 환경에 가상 사물이나 정보를 합성하여 원래의 환경에 존재하는 사물처럼 보이도록 하는 컴퓨터 그래픽 기법이다. 우리는 잘 인식하지 못하지만 실제로 이 증강현실은 주위에서 많이 찾아볼 수 있다. 그 사례를 들어 보세요.

- 안경   - 의족기
- 보청기   - 인공심장

2) 최근 일본의 게임 제작사 닌텐도가 증강현실 게임인'포켓몬 고'를 공개하면서 게임 열풍이 불고 있다. 만화에서만 보던 괴물을 실제 집 앞의 공원에서 잡고, 이들과 직접 격투를 벌이기도 한다. 우리나라에서는 일부 지역에서만 영상을 시청할 수 있어 속초 같은 곳은 때 아닌 호황을 누리기도 했다. 우리 주위에 증강현실을 적용할 수 있는 것들에 대하여 생각해 보세요.

- 피팅 룸(옷 매장)
- 애완동물 기르기
- 디지털 비서

2) 영화 〈아이언 맨〉은 3차까지 나온 유명한 영화입니다. 이 영화의 주인공이 입었던 아이언 맨 슈트는 다름 아닌 인간의 능력을 배가시켜 주는 힘을 갖고 있습니다. 이 아이언 맨 슈트에 적용된 기술에는 어떤 것들이 있나요?

- 소형 요격 미사일
- 화염 방사기
- 대전차 소형 미사일

유사 직업 안내

 무인항공기시스템개발자

　미 국방장관실(OSD)이 발간한 UAV로드맵에서는 무인항공기를 다음과 같이 정의하고 있다. "조종사를 태우지 않고, 공기역학적 힘에 의해 부양하여 자율적으로 또는 원격조종으로 비행을 하며, 무기 또는 일반화물을 실을 수 있는 일회용 또는 재사용할 수 있는 동력 비행체를 말한다. 일반적으로 '드론'이라고 한다.

　무인 항공기는 미국이 1차 세계대전에 사용하면서 시작되었다. 무인항공기는 정찰임무를 담당하였다. 그러나 2차 세계대전을 거치면서 전투용으로 사용할 수 있는 가능성이 있기 때문에 많은 관심을 받게 되었다. 적정 감시용으로 이용되었다. 이후 1990년대 초에 있었던 이라크전쟁을 시작으로 시리아, 아프가니스탄 등 중동의 산악 및 사막지역 등 힘든 상황을 극복하기 위해 무인항공기를 대거 활용되고 있다. 이 시기에 군사용 목적 외에도 지구환경을 정찰하는 평화적 목적에 사용되고 있다. 이러한 무인항공기 기술의 상업화에 대한 점차 높아지고 있다. 이에 따라 무인항공기시스템 설계, 제조 작동, 유지에 종사하는 무인항공기개발자, 기술자, 정보자료 평가사,

그리고 무인기조종사라는 새로운 직업군이 생겨나고 있다.

국내에서도 한서대학교의 무인항공기학과가 개설되었으며, 민간기업에서도 무인항공기 기술개발에 적극 나서고 있다.

3D 모델러

1995년에 '토이스토리'가 개봉되면서 미국을 중심으로 3D 애니메이션 시대가 열리게 되었다. 이후 영화, 비디오 게임을 비롯한 전 산업분야로 확장되면서 웹 사이트나 광고, 건축, 나아가 의학 분야에서도 3D 모델링을 사용하고 있다.

3D 게임을 만들 때 모델러란 바탕이 되는 원화에 살을 붙여 입체캐릭터를 만들어 실제로 게임에서 쓰이는 이미지를 만들어 내는 직업이다. 단순히 캐릭터 이미지만이 아니라 건물, 배경 등 모든 것들을 3D 이미지로 그려내야 한다. 이때 원화의 질과는 상관없이 모델링이 나쁘면 좋은 그래픽이 나올 수 없게 마련이다. 이에 따라 모델러는 혼자 모든 것을 하거나 작업에 따라 캐릭터/배경/컨셉 파트로 나누어 협업을 하기도 한다. 일반적으로는 미술, 디자인과 애니메이션과 관련된 전공이 필요하다. 하지만 특수 산업 분야로 진출하기 위해서는 해당 산업의 전문분야가 추가되어야 한다. 즉 비디오 게임 분야의 경우 컴퓨터게임 개발, 컴퓨터그래픽, 소프트웨어 개발, 게임디자인, 과학 분야에서는 물리학이나 화학, 의학에서는 의학지식 등이 필요하다.

의료일러스트레이터

이 직업은 의학 논문이나 잡지의 삽화, 의료기관에서 사용하는 영상에 필요한 그림을 그리는 직업을 말한다. 즉 의학 정보를 의료인이나 일반인이 쉽게 이해할 수 있도록 그림으로 표현해야 한다. 인체의 구조를 기계의 설계도처럼 명확하고 이해하기 쉽게 그려야 한다. 물론 의료와 관련된 영상 자료를 만들기도 한다. 가상현실이나 증강현실이 주를 이루는 미래에는 해부학이나 수술시뮬레이션 자료를 제작해야 하기 때문에 앞으로의 전망은 밝다고 할 수 있다. 일반적인 강의 자료나 학술지 외에 광고, 홍보, 보고서, 의학 교육을 위한 교육 자료 등의 제작에도 참여할 것으로 전망된다. 우리가 일반적으로 생각하는 전통적인 분야 외에도 의료소송이나 의료보조기구, 의학 관련 동영상 제작 등 메디컬 일러스트의 수요는 무궁무진하다. 단순한 자료 제작에 그치지 않고 치료중인 환자의 상태를 기록하고, 치료 전 과정을 뒷받침하는 의사들의 보조 역할을 할 것으로 기대된다. 의사나 의학 연구자들도 점차 이들의 역할에 대하여 중요하게 생각하고 있으며, 전문성을 갖춘 메디컬일러스트레이터의 중요성은 더욱 강조될 것이다.

일반적으로 미술이나 생물학, 해부학, 생리학을 전공하기도 하지만 의료사진학, 의료 일러스트레이션, 사진학, 그래픽 디자인, 일러스트레이션 분야의 공부를 해야 한다. 국내에는 의료일러스트레이터를 전공하는 학과가 없는 것이 아쉽지만 고령화시대에 접어든 우리나라의 현실을 볼 때 앞으로의 이 직업에 대한 역할은 중요해 질 것이다.

　게임디자이너는 게임 기획자라고도 한다. 게임 기획자는 시장의 상황과 고객들의 요구를 분석하여 어떠한 게임을 제작할지 결정한다. 이때 시장의 고객이란 소비자 외에도 투자자, 협업자, 프로젝터 리더 등을 말한다. 이들의 요구를 분석하여 게임을 기획한다. 게임의 줄거리 등장인물들을 정하고 프로그래머, 작가, 에니메이터 등의 개발 팀원들과 함께 제작 과정을 총괄한다. 게임의 장단점을 파악하여, 시장성을 파악하고, 어떻게 판매에 임하며, 사후 관리 방법까지 생각해야 한다. 스타크래프트와 pc방이 보급되면서 국내의 게임은 단순한 오락에서 산업으로의 큰 변신을 가져왔다. 하지만 우리나라의 게임 기획자는 사회적 인식이나 관련 업계에서 정확한 역할을 부여받지 못하고 주먹구구식으로 운영되고 있는 면도 없지 않다. 하지만 우리나라의 게임업계는 세계에서 한 축을 형성하고 있고, 국가에서는 장래성 있는 직업군으로 선정하여 뒷받침하고 있다.

　게임디자이너가 되려면 무엇보다 게임에 대한 경험이 다양해야 한다. 현재 유행하는 게임의 트렌드는 물론 대중들이 좋아하는 게임의 종류나 게임에 사용된 기술들에 대한 이해가 필요하다. 기본적인 컴퓨터 프로그래밍에 대한 소양과, 비디오게임디자인, 컴퓨터 사이언스, 그래픽 디자인, 멀티미디어 디자인, 소프트웨어 엔지니어링 등의 지식이 필요하다. 게임에 흥미가 있어야 함은 물론이고, 창의적이고 체계적인 사고방식의 소유자가 유리하다. 또한 고객이나 프로그래머, 작가 등 다양한 사람들과의 관계를 원활하게 유지하기 위해서는 대인관계능력도 중요하다.

관련 단체 및 기관

- 미래창조과학부 www.msip.go.kr
- 한국인터넷진흥원 http://www.kisa.or.kr/
- 한국VR산업협회 kvra.kr
- 한국 가상현실 http://corp.kovi.com/
- 한국소프트웨어 산업협회 www.sw.or.kr
- 한국정보통신인력개발센터 www.ihd.or.kr
- 한국정보통신진흥협회 www.kait.or.kr
- 소프트웨어정책연구소 https://spri.kr/post/6053

MEMO

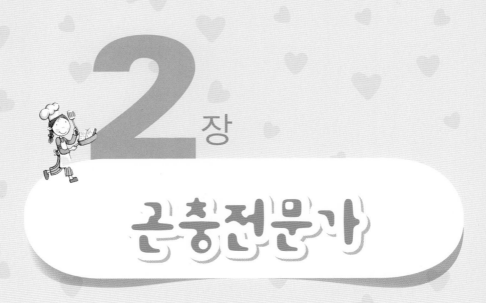

2장

곤충전문가

곤충전문가는

곤충에 대한 전문지식을 갖고 곤충을 사육하거나
혹은 사육하려는 사람에게 정보를 제공하는 일을
담당한다. 이들은 곤충을 채집하여 분류하고,
연구를 통하여 곤충의 각종 활용 방안에 대하여
알아낸다. 곤충류의 종 다양성 뿐 아니라 전체적인 개
체수를 보더라도, 지구는 곤충의 행성이라고 말해도
과언이 아니다. 오랜 진화의 역사에서 가장
성공적으로 지구에 정착한 곤충! 그 곤충의 활용도에
대해서 연구하고 사육하는 곤충전문가는 각광받는
미래 직업이다.

직업 노크하기

무궁무진한 미래 자원, 곤충!

〈출처 : 소년조선일보 기사〉

곤충이 '미래 자원'으로 주목받고 있다. 병해충 관리와 환경 정화 등 다방면에 활용될 뿐 아니라, 식량과 의약품으로써 가치가 높기 때문이다. 특히 미래형 먹거리로 적합하다는 평가다. 유엔식량농업기구(FAO)는 곤충이 지구촌 인구 증가로 인한 식량 문제를 해결하는 대안이라고 발표했다. 단백질 함량이 육류보다 높은 데다 필수아미노산·비타민·무기질 등이 풍부해서다. 이 같은 상황 속에 '곤충전문가'가 유망 직업으로 떠오르고 있다. 김미애 연구사에 따르면 곤충전문가는 크게 네 가지 분야에서 일한다. ① 곤충의 분류, ② 생태 연구와 사육, ③ 소재 개발, ④ 병해충 관리 연구 등이다. 어릴 적부터 벌레를 좋아했던 김 연구사는 대학에서 견섬유학과를 전공했다. 졸업 후 농촌진흥청에 입사해 본격적으로 곤충 연구에 뛰어들었다. 현재 우리나라에서 곤충전문가가 일하는 주요 기관으로는 농촌진흥청, 산림청, 국립생물자원관, 곤충박물관 등을 꼽을 수 있다. 대학에서는 곤충산업과 등 관련 학과를 새롭게 만드는 추세다. 또한 한국식용곤충연구소와 같은 벤처기업도 생겨나고 있다.

"곤충 산업의 미래와 전망은 매우 밝습니다. 연구 분야가 무궁무진한 데다 빠르게 커지는 시장 규모에 비해 전문가가 적은 상황이거든요. 미래 자원을 개발하는 만큼 보람도 커요. 곤충에 관심 있는 어린이라면 누구나 도전해보세요. 특별히 준비할 건 없습니다. 채집을 자주 다니고, 과학책을 많이 읽으면 돼요. 우리 뒤를 이어 세계 곤충 시장에서 활약할 주인공을 기다릴게요!"

〈출처 : 소년조선일보 [미래직업을 만나다] 곤충전문가〉

우리나라는 국가적 사업으로 '곤충산업의 육성 및 지원에 관한 법률'을 제정하고 지원할 정도로 중장기 투자와 체계적인 육성으로 곤충과 관련된 산업을 미래 산업으로 규정하고 있다. 이에 우리나라 정부는 2016년에 2

차 곤충산업 육성 5개년 계획을 내놓은 바 있다.

곤충(insect)은 지구상에서 가장 성공적으로 번성한 동물 무리이다. 흔히 '벌레'라고도 부르는데, 벌레는 정확한 표현은 아니다. 왜냐하면, 벌레는 곤충 이외에도 작은 동물들을 총칭하여 부르는 이름으로 사용되기 때문이다. 곤충의 정식 분류학적 그룹은 동물(계) 〉 절지동물(문) 〉 육각(아문) 〉 곤충(강)이다. 현재 보고된 곤충의 종류는 약 80만 종을 넘으며, 전체 동물 종류의 3/4를 차지할 정도로 다양하다. 아직은 전문 인력 부족의 이유로 곤충에 대한 연구는 미흡한 수준이며, 곤충과 관련된 여러 직업들은 미개척 분야이다. 특히 곤충은 생활사에서 형태와 모습이 크게 변하는 '변태'라는 시기를 갖는다. 이 때문에 그 동안의 곤충 연구는 같은 종이라도 외형이 다른 이유로 서로 다른 변종으로 여겨지거나, 반대로 서로 다른 두 종을 같은 종으로 착각하는 사례가 많았다. 곤충은 지구에서 가장 오랫동안 우점종을 유지한 생명체지만, 우리 인류는 곤충에 대해서 극히 제한된 사실만을 알고 있다.

흔하지만 잘 알지 못하는 곤충은 오랜 진화의 역사 속에서 성공적으로 적응하였고, 거대한 다양성과 특이한 생물학적 특성을 지니고 있다. 이러한 이유로 곤충은 인류에게 잠재적으로 큰 이로움을 줄 수 있는 귀중한 자원이다. 우리나라에서 곤충산업의 대상으로 곤충과 함께 곤충강에 속하지 않는 거미류와 지네류, 그 밖의 일부 무척추동물들이 포함된다. 산업적 활용 가치가 있는 무척추동물들도 검토하여 곤충산업의 대상으로 포함시킨 것이다. 무한한 산업적 가치에도 불구하고 우리는 흔히 곤충을 혐오의 대상으로 삼는다. SF 영화나 공포 영화에서 종종 불편한 생물체로 묘사되지만, 징그럽다는 곤충의 이미지와 반대로 그 이면에는 무한한 활용 가능성을 지닌 가치 있는 자원으로 곤충은 연구할 가치가 있다.

곤충전문가는 곤충과 관련된 제반의 산업 분야에서 컨설팅과 곤충 공급, 연구 개발에 종사하게 된다. 넓은 의미에서 곤충 산업은 곤충과 몇몇 작은 동물들을 다루는 산업을 포괄한다. 곤충전문가는 곤충을 사육하거나, 곤충의 산물 또는 부산물을 생산-가공-유통-판매하는 등 곤충과 관련된 각종 재화 또는 용역을 제공하는 일을 하는 사람이다. 우리나라 정부에서 규정하고 있는 곤충산업의 분야는 아래와 같다.

주요 영역	세부 내용
농업식품영역	**식용, 사료용, 천적, 화분매개** : 친환경농업과 시설원예 확산으로 해충방제용 천적곤충, 꽃의 수정을 돕는 화분매개곤충, 식품·사료용 곤충의 산업화가 활발하다.
교육체험영역	**애완용, 교육용, 예술·관광** : 최근 애완·학습용 곤충분야는 가장 빨리 성장하는 분야이며, 곤충을 주제로 한 체험관광, 예술작품, 문화콘텐츠도 증가하는 추세다.
융복합영역	**생명공학(의약), 생체모방, 환경정화** : 생명공학의 발달과 기술의 융복합 추세에 따라 곤충을 활용한 유전학 연구와 곤충의 생체모방 기술이 확산되고 있다. 그리고 음식물쓰레기 등 유기성 폐기물의 친환경적 처리와 곤충유래물질을 이용한 기능성 의약품 소재 개발이 증가하고 있다.

곤충전문가는 기존의 농업 관련 종사자들과 달리 적은 토지를 기반으로 사업을 시작할 수 있다. 곤충산업은 아이디어 창출과 사업 접목과 확장에 따라 고부가가치의 무한한 시장을 창출할 수 있는 지식기반산업이다. 또

한 사업의 성격 상 사업장은 친환경적이며, IT, BT, CT와 융합될 수 있는 연결 고리가 많은 분야이다. 하지만 아직은 갈 길이 멀다. 이 직업에 대한 이해는 물론, 곤충산업의 개념과 활용 가치에 대하여 사람들의 공감대가 아직은 부족하기 때문이다.

곤충전문가가 되려면

　곤충전문가가 되기 위해서는 대학교에서 생물학의 기초 지식을 쌓는 것이 좋다. 학위가 반드시 필요한 것은 아니지만, 좀 더 깊이 있게 곤충 분야의 전문가가 되기 위해서는 곤충에 대한 과학적인 지식이 요구될 것이다. 곤충전문가와 관련이 있는 학과에는 생물학과, 생물공학과, 식품생물공학과, 응용생물학과, 생물산업공학과, 생물자원학과, 농생물학과, 시스템생물학과 등이 있다.

　정부는 2020년까지 현재 5개소 설치되어 있는 곤충전문인력 양성기관을 10개소로 확장할 계획이라고 발표했다. 교육과정도 표준 커리큘럼을 개발하고 곤충분야 자격전문인증제도를 도입하여 곤충 관련 전문가를 양성하여 필요한 산업 분야에 공급할 예정이다.

〈출처 : 2016 예천세계곤충엑스포 홈페이지(http://www.insect-expo.co.kr)〉

　지난 2016년 7월에는 예천세계곤충엑스포가 개최되었다. 예천세계곤충엑스포는 세계곤충학회로 부터 세계 최대 곤충박람회로 인증을 받았다. 우리나라도 곤충에 대한 관심이 최근 들어 크게 높아졌다는 증거이다. 관심이 커짐에 따라 수요도 많아지고 있다. 특히 2016년에는 유망일자리 10선에 '곤충전문컨설턴트'가 소개된 바 있다. 곤충전문컨설턴트는 곤충에 대한 지식을 바탕으로 곤충 사육방법, 체험학습장 조성 및 운영, 곤충 관련 요리 등 곤충과 관련된 광범위한 업종에서 활약이 기대되는 직업으로 언급되었다. 이미 일본에서는 1980년대부터 곤충 관련 산업이 주목을 받아왔다. 일본에서는 우선 애완용 곤충시장이 먼저 성장하기 시작했다. 곤충시장의 확장을 기반으로 여러 곤충산업이 동반 성장하였고, 이를 통해 신소재 개발 및 그 기술의 상업화에 성공적으로 도전하는 사례가 많아지고 있다. 우리나라도 곤충산업의 규모가 점차 확산되는 추세에 있다. 정부는 곤충산업이 2020년까지 5,300억 원에 이르는 사업 규모로 성장할 것으로 내다봤다.

02 누구에게 어울릴까

흥미와 적성

누구나 어릴 적을 생각해보면, 대부분의 주변 친구들이 자연 현상이나 사물에 대하여 흥미와 관심이 많았던 기억이 있을 것이다. 그 중에서도 인간과 신체 구조가 크게 다른 곤충은 어린 시절 재미있는 관찰거리였다. 곤충의 신체 구조는 우리 인간과는 다르다. 곤충은 머리, 가슴, 배의 체절이 분명하게 나뉘어 있다. 또한 머리에는 더듬이가, 가슴에는 6개의 다리가 있으며, 어떤 곤충의 무리들은 날개가 있어 원하는 대로 하늘을 날아다닐 수도 있다. 어릴 적 곤충이라는 생명체는 커다란 호기심의 대상이다. 이러한 곤충을 전문적으로 다루는 곤충전문가에게 필요한 자질은 무엇일까? 단지 곤충을 좋아하는 것만으로는 부족하지 않을까? 어떤 분야에 흥미와 적성이 있어야 곤충전문가가 될 수 있을까? 이 세 질문에 대한 답을 찾기 위해 곤충전문가의 자질에 대하여 생각해보자.

첫째, 곤충전문가는 자연을 사랑하고, 살아있는 생명을 소중히 여기는 마음가짐이 있어야 한다. 곤충산업의 특징 중 하나는 친환경 산업이라는 점이다. 따라서 자연을 훼손하지 않으려 노력하고, 때로는 곤충과 관련된 여러 가지 산업들의 환경에 대한 부작용을 고려할 줄 알아야 한다.

둘째, 곤충을 기르고 유지하기 위한 생물학의 기초 지식과 과학적 소양을 갖추어야 한다. 생물학적 지식 없이도 곤충을 기르고 판매할 수는 있지만, 관련 전공 분야에 대하여 깊이 사고하는 습관이 없으면, 곤충으로부터 새로운 가치를 창출해내기 어려울 것이다.

셋째, 곤충산업은 현대 농업에서 파생된 특수한 산업의 한 분야로 볼 수 있다. 농사꾼과 연구자의 공통점은 끈기와 인내심이다. 농사꾼은 절기에 따라 농작물을 관리하고, 가을이 지나면 결실을 얻게 된다. 연구자도 연구 계획에 따라 연구나 실험을 진행하고, 연구가 끝나면 연구 결과라는 결실을 얻게 되는 공통점이 있다.

넷째, 새로움에 대해서 도전하는 호기심 강한 사람이 곤충전문가로 적합하다. 아직은 미개척 분야인 곤충산업에서 도전하는 마음가짐이 있어야 누구도 생각하지 못한 새로운 부가가치를 창출해낼 수 있는 사람이 될 수 있기 때문이다. 다양한 시도와 새로움을 추구하는 자세가 있어야 이제 막 도약을 시작하는 곤충산업 분야에서 성공에 이를 수 있을 것이다.

곤충전문가는 곤충과 관련된 다양한 산업 분야에 진출하여 활약할 수 있을 것이다. 따라서 곤충전문가는 다양한 분야의 사람과 만나고 대화하며 일하는 경우가 많다. 이 직업은 곤충을 활용하여 새로움을 추구하는 창조적인 직업이다.

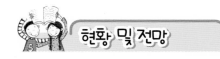

현황 및 전망

　　전통적으로 곤충산업은 잠업(누에치기)을 중심으로 이루어졌다. 잠업은 누에를 치는 일로, 뽕나무를 재배하여 누에를 기르고 고치를 생산하는 일과 그 과정을 말한다. 곤충산업은 최근 들어 '블루오션'으로 각광받고 있는 산업 분야이다. 세계 곤충산업 시장 규모는 2007년 11조원에서 2020년 38조원으로 커질 전망이다. 국내의 곤충산업도 매년 성장하는 추세이다. 일본은 1980년대부터 상업적인 목적으로 곤충시장이 형성되어 왔다. 유럽에서는 화분매개 곤충 분야가, 북미에서는 농업용 천적 곤충 분야가, 아시아권은 식용 곤충 분야가 주요하게 성장하고 있는 곤충산업 파생 분야이다. 또한 곤충의 새로운 가치가 재조명되면서 곤충산업은 여러 나라에서 국가적으로 산업적인 지원을 받고 있다. 곤충으로부터 창출할 수 있다고 예견되는 새로운 가치로는 식용 재료, 천적 대응 방재, 화분 매개, 환경 정화, 환경 지표, 정서순화 및 애완용, 기능성 소재 개발, 의약재료 추출, 기후변화에 대한 해결책 등이 보고되고 있다. 조사된 곤충시장의 분야별 현황과 시장규모의 증가비율은 아래 표와 같다.

(단위 : 억 원, %)

구분	계	학습애완	화분매개	천적	환경정화	식용	사료	약용	지역행사	유용물질
2011	1,680	778	340	96	–	–	25		400	41
2015	3,039	421	432	30	–	60	60	20	1,816	200
2020	5,363	590	575	40	10	1,014	183	39	2,542	380
증가율	76	28	33	33	–	1,590	205	95	39	90

표의 여러 파생 산업 분야들 중에서도 곤충을 식량으로 활용하려는 산업 분야가 가장 활발하게 논의되고 있다. 곤충의 체 성분은 단백질이고, 소화와 흡수가 효율적인 고품질의 단백질 공급원이기 때문이다. 또한 식용 곤충은 고기보다 효율적인 식량자원이다. 소고기로부터 1kg의 단백질을 얻기 위한 비용과 곤충으로부터 동일한 양의 단백질을 얻기 위해서 필요한 비용은 어느 쪽이 클까? 정답은 소고기이다. 소고기는 가장 비효율적인 단백질 식량원으로 정평이 나있다. 곤충 식량의 생산을 위해서는 소를 기를 때와 달리, 대규모 축사와 대량의 사료가 필요하지 않다. 또한 소가 살기 어려운 고온 건조한 기후대에서도 곤충의 양식은 가능하다. 만약 곤충식량 산업이 확산된다면 소를 키울 때처럼 에너지가 많이 필요하지 않으며, 온실가스도 적게 배출할 수 있어 환경 문제 해결에도 도움을 줄 수 있다.

곤충산업의 발달은 전망 있는 새로운 미래 직업들을 쏟아내고 있다. 곤충산업으로부터 파생되는 직업에는 어떤 것들이 있을까? 최근 등장한 곤충 관련 직업들로는 곤충 컨설턴트, 곤충 농부, 애완곤충 및 곤충전시 큐레이터, 곤충요리연구원, 식용곤충 재배농부, 곤충 카페 운영자, 곤충 스포츠 중계인까지 다양한 업종이 생겨나고 있다. 모두 곤충과 관련된 새로운 직업이다.

03 진로독서 함께해요

첫 번째 독서 활동

도서	우리와 함께 살아가는 곤충 이야기	도서정보	한영식 / 아이세움 / 2008년
교육과정 핵심역량	의사소통 역량, 윤리적 성찰 및 실천 성향, 정보 활용 능력	직업군	곤충전문가

16년 가까이 눈을 뜨고 있는 동안에는 곤충을 관찰하고 잠을 자는 동안에는 곤충 꿈을 꾸었다는, 딱정벌레 박사 한영식 선생의 '우리 주변 곤충' 이야기입니다. 가장 기초적인 정보뿐 아니라 곤충에 관심을 가진 어린이라면 충분히 따라해 볼 만한 확장지식을 적절히 가미하였으며, 생생한 사진과 그림을 풍부하게 실어 주어 작은 도감의 구실도 하게 만들어졌습니다. 이 책은 자연과 격리된 채 자라나는, 도시적 삶을 살아가는 우리 아이들에게 자연에 대하여 관심과 흥미를 불러일으킬 수 있는 책입니다. 살아 움직이는 자연의 세계에서 이 만큼 역동적이고, 섬세한 생명체가 또 있을까? 일상생활 공간 가까이에서부터 관찰을 시작해봅시다. 관심을 갖는 만큼 몰랐던 곤충의 생태를 확인할 수 있을 테니까!

가. 의사소통 역량

🔊 우리는 말이나 글을 통해 생각이나 마음을 전달합니다. 이처럼 말과 글은 인간의 의사소통 수단이라고 볼 수 있죠. 그렇다면 곤충은 서로서로 의사소통의 수단으로 어떤 방법을 사용하는지 친구에게 이야기해봅시다.

곤충의 의사소통 수단 : 춤, 소리, 빛, 전파, 화학물질(페로몬), 배설물, 색깔 등

🔊 과학적 연구를 통해 곤충학자들은 꿀벌의 의사소통 방식에 춤이 이용된다는 사실을 알아냈습니다. 꿀이 있는 곳을 알려주는 꿀벌의 춤에 대해서 조사해봅시다.

꿀이 가까이 있을 때는 원형 춤(왼쪽),
꿀이 멀리 있을 때 방향을 알려주는 꼬리 춤(오른쪽)

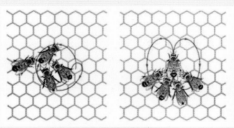

◁: 60여 년의 연구 끝에 꿀벌의 춤 언어를 연구한 칼 폰 프리슈(Karl von frisch)는 마침내 1973년 동료들과 노벨 생리의학상을 수상하였습니다. 그의 관찰 능력에 감탄해마지 않은 사람들에게 그는 다음과 같이 말했다고 전해집니다. "나는 관찰 능력이 뛰어난 것이 아니고, 단지 움직임 없이 돌 틈 사이에서 몇 시간을 누운 채로 생물을 끈질기게 바라보는 것 뿐이었다." 칼 폰 프리슈의 이야기를 통해 얻을 수 있는 교훈에 대해서 이야기해봅시다.

> 뜻밖의 발견(serendipity)은 계속 노력하고, 인내심을 가지고 포기하지 않은 사람에게 찾아오는 행운과 같은 것이라는 생각을 해봤습니다. 저도 하고 싶은 일에 최선을 다하고, 포기하지 않는 마음가짐을 가져야겠습니다.

◁: 하루살이는 애벌레 상태에서 약 1년, 성충이 되어서 하루는 아니지만, 며칠 밖에 살지 못합니다. 만약 내가 하루살이가 되어 삶이 일주일 밖에 남지 않았다면, 어떤 일을 하고 싶은지 이야기해봅시다.

> 가족과 함께 많은 시간을 보낸다. 먹고 싶은 음식을 다 먹어본다. 할 수 있을 만큼 하늘 높이 날아 올라본다. 등등

🔊 개미는 곤충에 속하지만, 거미는 곤충에 속하지 않습니다. 개미와 거미의
몸 구조를 알아보고, 이를 통해 곤충 몸의 특징에 대하여 설명해봅시다.

곤충은 몸이 세 부분으로 나뉜다. 다리가 3쌍이다. 더듬이가 있다. 한 쌍의 겹눈이 있다.

거미는 몸이 두 부분으로 나뉜다. 다리가 4쌍이다. 더듬이가 없다. 여러 개의 홑눈을 가진다.

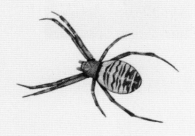

📢 곤충이 주인공으로 나오는 영화를 하나 검색해서, 제목과 줄거리에 대해서 설명해봅시다.

벅스라이프(A Bug's Life, 1998)

기상천외한 물건을 만들어 내는 비범한 재주가 있지만, 그 완성도는 약간 문제가 있어 항상 사고를 치기 바쁜 일개미 플릭의 모험담을 그리고 있습니다. 극 중에 등장하는 일개미들은 메뚜기들에게 먹이를 상납하기 위해 매일같이 열심히 일을 합니다. 안타깝게도 플릭은 불운한 사고로 인해 그동안 쌓아왔던 제물을 전부 잃어버리게 되고, 이에 격노한 메뚜기는 공주를 인질로 삼아 다시 먹이를 제대로 모으라고 압박을 하지만, 이를 보지 못한 플릭이 메뚜기 떼에 대항해 결과적으로 원래 받쳐야 할 제물의 두 배를 요구받게 되는데...

〈출처 : 네이버 영화〉

3단계별 이야기식 진로독서활동

가. 배경지식으로 찾아보기

📢 우리나라에서 식용이 가능한 곤충은 7가지가 있습니다. 식용 곤충 7가지의 이름을 찾아서 이야기해봅시다.

> 갈색거저리유충, 누에번데기, 누에애벌레, 메뚜기, 귀뚜라미, 흰점박이꽃무지유충, 장수풍뎅이유충

📢 영화 '인터스텔라'속에서 지구는 멸망 직전처럼 황량합니다. 환경오염으로 인하여 생태계의 자정 능력은 회복이 불가능한 상태이며, 식량 부족으로 인하여 인류는 어려움에 처해있다는 설정입니다. UN의 기후변화 보고서에서 2030년 지구는 식량난에 빠질 가능성이 있다고 예측하고 있습니다. 그리고 현재에도 지구상에서는 매년 8억 5천 명 정도가 기아로 굶어죽고 있습니다. 최근 미래 식량으로 곤충이 주목받고 있는데, 미래 식량으로 곤충이 대두되고 있는 이유에 대해서 생각해봅시다.

> 곤충을 식량으로 하는 것이 소고기나 농작물을 먹는 것보다 효율적이기 때문이다. 곤충은 적은 공간을 차지하며, 사료를 적게 먹고, 쉽게 기를 수 있다. 그럼에도 가축을 키워 육류를 섭취하는 것에 버금가는 좋은 단백질 영양소의 공급원이기 때문이다.

◁﹕곤충은 번데기 시기를 통해 유충(애벌레)에서 성충(어른벌레)으로 발생
합니다. 이때, 번데기 시기를 완전하게 갖추고 발생이 이루어지면 완전
탈바꿈, 번데기 시기가 온전하지 않으면 불완전 탈바꿈이라 부릅니다.
우리 주변에서 볼 수 있는 곤충 몇 가지를 완전 탈바꿈과 불완전 탈바꿈
으로 구분해봅시다.

완전 탈바꿈 : 나비, 벌, 파리 등

불완전 탈바꿈 : 매미, 잠자리, 메뚜기 등

◁﹕곤충을 찾으러 굳이 멀리 차를 타고 산으로 들로 찾아 갈 필요는 없습니
다. 왜냐하면 곤충은 늘 우리 주변에 있기 때문입니다. 우리 학교 주변
에서 곤충을 발견할만한 장소는 어디가 있는지 조사하고 찾아봅시다.
그 장소에서 발견한 곤충의 이름은 무엇일까요? 장소와 함께 이야기해
봅시다.

화분 받침대 밑 : 개미, 노래기, 거미 등

화단 : 꿀벌, 나비, 등에, 잠자리 등

📢 우리나라에는 국가 생물자원을 효율적으로 보전하고 관리하기 위한 기관
으로 국립생물자원관이 있습니다. 국립생물자원관의 홈페이지를 방문하
여 위치와 주로 하는 일에 대해서 조사하여 여러분이 소개해 주세요.

국립생물자원관 위치 : 인천광역시 서구 환경로 42 (경서동 종합환경연구단지)
하는 일 : 국가생물자원 확보 및 소장과 관리
　　　　생물자원 조사 연구
　　　　생물산업(BT) 소재기반 구축 및 지원
　　　　국가생물자원 정보시스템 구축 및 정책지원
　　　　전시 및 교육을 통한 생물자원 인식 제고 및 인력 양성

📢 국립생물자원관 홈페이지에서 우리나라 생물의 유용성 정보검색 창을
찾아 생물자원의 유용성을 연구하는 절차는 어떻게 이루어지는지 찾아
설명해봅시다.

〈국립생물자원관 - 한반도의 생물다
양성 - 유용성 정보검색 창 화면〉
유용한 시료 확보 → 추출 → 농축 →
효능분석 → 성분분석 → 전임상실험
(동물실험) → 임상실험 → 제품생산

진로독서 토론 활동

📢 토론 주제 : 곤충을 식량으로 이용하는 것에 대하여 거부감이 있는 사람들이 많아 곤충식량 사업은 난황이 예상됩니다. 그럼에도 식량난으로 어려움을 겪고 있는 지역의 사람들에게는 곤충식량이 현실적인 해결 방안이 될 수 있을 것입니다. 곤충 식량을 개발하는 것에 대하여 어떤 의견을 가지고 있나요? 찬반형 진로독서 토론에 참여해봅시다.

<의견 1> 곤충식량 연구를 활성화해야 한다.
- 근거 1 : 저비용으로 고품질의 단백질 식량을 생산할 수 있다.
- 근거 2 : 광범위한 목축업으로 인한 환경오염을 줄일 수 있다.

<의견 2> 곤충식량은 연구할 필요가 없다.
- 근거 1 : 곤충식량에 대한 혐오감이 크므로 수요가 없어서 연구가치가 없다.
- 근거 2 : 인류가 먹어오던 식량이 아니라서 어떤 부작용이 있을지 아직 모르고 위험할 수 있기 때문이다.

📢 곤충산업의 활용 분야는 다양합니다. 곤충산업의 세부적인 영역에 대하여 마인드맵으로 표현해 봅시다.

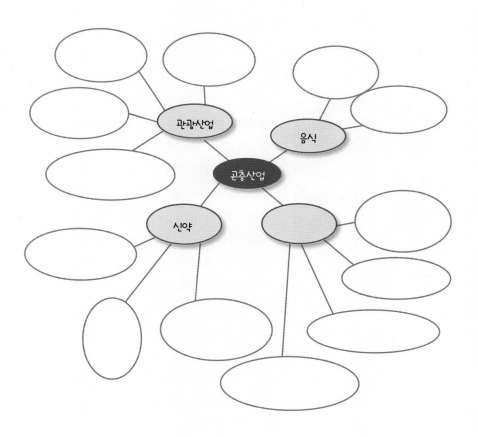

도서	곤충 연대기 곤충은 어떻게 지구를 정복했는가	도서정보	스콧 R. 쇼 / 행성B 이오스 / 2015년
교육과정 핵심역량	과학적 사고력, 과학적 탐구 능력, 창의적 사고력	직업군	곤충전문가

『곤충 연대기』는 지구가 오랫동안 곤충에 의해 지배되어 왔다는 사실을 알려줍니다. 수많은 연구 자료와 화석, 곤충 사진 등을 제시하여 풍부한 지식을 전달하면서도, 곤충이 지구를 정복하게 된 과정을 한 편의 영화와 같이 흥미진진하게 묘사하고 있습니다. 곤충이 왜 하늘을 날게 되었고, 대멸종은 왜 일어났는지, 인간이 어떻게 지구에 등장하게 되었는지 등에 대한 다양한 가설들을 알기 쉽게 설명해 줍니다. 즉, 이 책은 지식과 재미, 어느 쪽도 놓치지 않은 곤충학 입문서라고 할 수 있습니다. 객관적인 연구 자료와 화석 데이터를 제시하며, 곤충이 지구의 생태계를 지배하게 된 과정을 설득력 있게 설명합니다. 독자들은 이 책을 한 장 한 장 읽어나갈 때마다, 곤충이 끊임없는 진화적 혁신을 통해 변화하는 환경에 적응했음을 알게 될 것입니다.

교육과정 연계 독서 활동

가. 과학적 사고력

🔊 곤충은 다양한 생태계에서 성공적으로 진화해왔습니다. 이처럼 여러 환경에서 잘 적응하고 오랜 지구의 역사에서 살아남을 수 있었던 것은 어떤 이유 때문일까요? 자신의 생각을 말하고, 그 이유에 대해서 토의해봅시다.

① 작은 몸집 - 생명 유지를 위한 비용이 적게 든다.

② 날개가 있다. - 포식자에게서 잘 도망칠 수 있다.

③ 유충과 성충의 서식지, 먹이, 습성이 다르다. - 서로 경쟁하지 않는다.

④ 한꺼번에 많은 자손을 낳는다. - 다양한 자손을 낳아 적응도가 높다.

⑤ 한 세대가 짧다. - 진화가 빠르다.

나. 과학적 탐구 능력

🔊 곤충은 무려 4억 년 동안 지구에서 조화를 이루며 여러 생명체들과 공진화를 하며 생존해왔습니다. 곤충이 서로 영향을 주고 받으며, 다른 생명체와 함께 진화한 사례를 한 가지 찾아보고 말로 설명해봅시다.

벌과 꽃의 공진화. 벌은 꽃의 수분을 도와주는 수분 매개자로 적합하도록 진화해왔고, 꽃은 벌이 잘 인식할 수 있도록 화려하고 향기로운 특성을 지니도록 진화해왔다.

다. 창의적 사고력

영화나 소설에서 거대 곤충이 지구를 점령하고 있다면 어떤 일이 일어날지에 대한 독특한 상상력을 보여주는 상황을 종종 접할 수 있습니다. 크기도 크고, 지능도 뛰어난 곤충들 때문에 인류가 위협을 받고 있다는 설정처럼, 만약 곤충이 인간을 대신하여 지구생태계에 가장 큰 영향을 끼치는 생물 무리로 진화해왔다고 가정해봅시다. 곤충의 어떤 능력이 발달하는 쪽으로 진화해왔다면 이런 일이 가능할지에 대해서 상상해보고 자신의 생각을 말로 표현해봅시다.

뛰어난 운동능력과 함께 지적인 능력까지 겸비할 경우
빠른 회복 능력으로 체력이 우수하며, 다쳤을 때 빨리 재생하는 능력을 갖출 경우
집단이 유기적으로 일사불란하게 움직이며, 뛰어난 판단력에 따라 행동하며 집단이 잘 조화를 이룰 경우

3단계별 이야기식 진로독서활동

가. 배경지식으로 찾아보기

🔊 곤충은 외골격의 몸 구조를 나타냅니다. 외골격의 의미에 대해서 조사해 봅시다.

> 동물체의 피부 부속물의 일종으로 내골격에 대응되는 말이다. 표피와 그 바로 밑의 결합조직으로 되어 있고 몸의 바깥쪽을 둘러싸고 몸을 지지하거나 보호하고 있다. 곤충과 같은 절지동물은 외골격의 성분이 키틴이다.

나. 책 속에서 진로 찾기

🔊 곤충 채집을 해서 곤충 표본을 만들려고 합니다. 어떤 장비가 필요할까요? 필요한 장비와 곤충 표본 만드는 방법에 대하여 알아봅시다.

> 곤충 채집 도구 : 포충망, 뜰채, 집기병, 곤충채집통, 집기병
>
> 곤충 표본 만들기
>
> ① 부드럽게 만들기(연화) : 딱딱할 경우 물에 5~10분 정도 끓여서 연화시킨다.
>
> ② 곤충핀 꽂기 : 전족판 위에 곤충핀을 이용하여 모양을 잘 잡아 꽂는다.
>
> ③ 건조하기 : 전족판에 고정된 곤충을 건조기 속 또는 상온에서 2~3주 말린다.
>
> ④ 라벨 달기 및 표본상자에 넣기 : 라벨에는 곤충 이름(학명), 채집지역, 채집날짜, 채집자를 적는다.

📢 스콧의 '곤충 연대기'에 나오는 곤충우주가설에 대해서 이야기해봅시다.

> 우주의 다른 행성에 생명체가 존재한다면, 그 생명체는 곤충일 것이라는 가설이다. 우리 지구도, 그에 따르면 인간의 행성이 아니라 곤충의 행성(The planet of the Bugs)인 것이다.

다. 책 밖에서 진로 찾기

📢 우리나라에는 곤충과 관련된 박물관이나 전시관이 어디에 있는지 알아봅시다.

> 구리시 곤충생태관 : 경기 구리시 수택동
>
> 아라크노피아 : 경기 남양주시 조안면
>
> 파주 나비나라박물관 : 경기 파주시 문발동
>
> 누에박물관 : 경기 화성시 향남읍
>
> 영월 곤충박물관 : 강원 영월군 영월읍
>
> 수안보 곤충박물관 : 충북 충주시 수안보면

📢 최근 곤충의 신체 구조를 이용한 생체 모방 기술이 발명에 이용되고 있습니다. 곤충에서 아이디어를 얻은 우리 생활 주변의 제품에 대해서 이야기해봅시다.

곤충처럼 날거나 헤엄치는 차세대 드론, 소금쟁이를 본떠서 만든 마이크로 로봇, 바퀴벌레를 잡는 바퀴벌레 로봇 등

진로독서 토론 활동

📢 토론 주제 : 모기를 박멸해도 괜찮을까? 라는 주제로 찬반형 진로독서 토론에 참여해봅시다.

<의견1> 박멸해야 한다.
- 근거 1 : 일부 모기는 말라리아와 같은 치명적인 질병을 매개하기 때문이다.
- 근거 2 : 모기와 같은 해충을 박멸하여 인류가 더 건강하게 살 수 있기 때문이다.
<의견 2> 박멸해서는 안 된다.
- 근거 1 : 어떤 종이라도 완전히 소멸하면, 생태계에 어떤 영향을 미칠지 모르기 때문에 조심스럽게 접근해야 한다.
- 근거 2 : 모기를 박멸해도, 또 다른 해충이 그 자리를 채우기 위해 등장할 가능성이 높다.

진로독서 논술

📣 영화 '앤트맨(Ant-Man)'은 마블코믹스를 원작으로 하는 개미처럼 작아
질 수 있는 슈트를 입은 히어로에 대한 이야기입니다. 딸에게 멋진 아빠
가 되고 싶지만, 생계형 도둑으로 삶을 살아가고 있는 스콧 랭은 우연한
기회에 몸의 크기를 자유자재로 변화시킬 수 있는 핌 입자를 개발한 과
학자 행크 핌의 권유로 슈트와 헬멧을 착용하고 '앤트맨'이 되어 달라는
부탁을 받게 됩니다. 여러분이 만약 앤트맨과 같이 개미만큼 작아질 수
있다면 어떤 일을 해보고 싶은지 자신의 생각을 이야기해봅시다.

개미굴에 들어가 미로 찾기를 해보고 싶다. 여왕개미가 되어 개미왕국
을 지배해보고 싶다. 등등

82

📢 다음 기사 내용을 보고 물음에 답하시오.

지구의 두 지배자 개미와 인간의 성공 비결

에드워드 윌슨은 그의 저서 『지구의 정복자(The Social Conquest of Earth)』(이한음 옮김, 사이언스북스, 2013년)에서 지금 우리가 살고 있는 이 지구를 정복한 동물로 인간과 더불어 벌, 개미, 흰개미 등 이른바 사회성 곤충을 꼽았다.

스스로를 만물의 영장이라 일컬으며 훨씬 오래 전부터 이 지구에 살아온 다른 많은 생물들을 그들의 삶터에서 몰아내고 있는 인간을 '정복자'라고 부르는 것은 전혀 어색하지 않다. 하지만 다분히 살생과 폭력으로 존재감을 과시하는 인간과 달리 대부분의 사회성 곤충들은 성실과 근면을 바탕으로 자원 경쟁에서 우위를 차지하며 세력을 확장한다.

이런 점에서 볼 때 나는 적어도 사회성 곤충에게는 '정복자(conqueror)'보다 '지배자(ruler)'라는 표현이 더 어울린다고 생각한다. 기계 문명 세계의 지배자는 뭐니 뭐니 해도 우리 인간이다. 그러나 이 기계 문명의 세계를 한 발짝이라도 벗어나 자연 생태계로 들어가면 그곳의 지배자는 단연 사회성 곤충이다.

출처가 명확하게 밝혀지진 않았지만 아인슈타인이 했다는 다음과 같은 예언이 구전되고 있다. "만일 지구에서 벌이 사라진다면, 인간에게 남은 시간은 4년도 채 되지 않을 것이다. 벌이 없으면, 식물의 수분(受粉, 가루받이)이 불가능해 식물이 사라지고, 식물이 사라지면 동물이 따라 사라지고 결국 인간도 절멸한다."

도대체 물리학자가 어떻게 이런 생각을 하게 되었는지 모르지만 지금 그의 예언이 현실로 나타나고 있다. 북아메리카와 유럽에서는 지역에 따라 심한 곳은 연간 무려 50퍼센트의 양봉 군락이 사라진 곳들도 있다. 반면 개미와 흰개미의 수는 지속적으로 늘고 있다.

주로 열대 지방을 중심으로 개체수가 증가하는 흰개미에 비해 개미는 보다 광범하게 늘고 있다. 굳이 따진다면 사회성 곤충 중에서 생태적으로 가장 성공한 곤충은 역시 개미다.

이 세상에 개미가 과연 몇 마리나 살고 있을까? 답은 현재 아무도 모르고 있으며 앞으로도 오랫동안 알지 못할 것 같다. 어떤 정신 나간 사람이 셈을 시도한다 하더라도 우선 엄청난 인내심이 필요하고 일단 모든 개미에게 셈이 끝날 때까지 꼼짝하지 말고 제자리에 서 있으라고 부탁해야 하는데 개미들이 그걸 들어줄 것 같지 않다. 더 심각한 문제는 한쪽에서 열심히 세는 동안 다른 쪽에서는 여왕개미들이 줄기차게 알을 낳고 있을 것이기 때문에 결국 셈은 끝이 나기 어려울 것이다.

그럼에도 불구하고 이런 불가능한 셈에 도전한 인내심 많은 개미학자들이 있었다. 물론 일일이 한 마리 한 마리 따라다니며 센 것은 아니고 표본 추출 방식으로 밀도를 측정한 다음 전체 면적으로 환산한 것이지만, 이 또한 그리 만만한 작업이 아니다. 어쨌든 이런 다소 어설픈 계산 방식을 사용하여 개미학자들은 지금 지구상에 최대 1경(10의 16제곱) 마리의 개미가 살고 있으리라 추산한다. 만일 개미 한 마리의 무게를 평균 5밀리그램으로 잡는다면 개미 전체의 무게가 평균 62킬로그램의 인간 72억 명보다 무겁다는 계산이 나온다.

만일 거대한 시소 한쪽에는 지구상의 모든 개미가 올라타고 반대쪽에는 인간 모두가 올라탄다면 과연 어느 쪽으로 기울까? 자존심 상하게도 우리가 공중에 뜰 것이라는 얘기다. 인간과 개미의 성공 비결은 무엇일까? 둘은 똑같은 비결로 성공했을까? 아니면 둘의 성공에는 각각 다른 요인이 작용했을까?

〈출처: NAVER 지식백과─ 최재천 · 홍승우의
21세기 새로운 세대를 위한 개미제국의 발견〉

1) 인간사회와 개미사회의 닮은 점에 대해서 이야기해봅시다.

> 거대한 네트워크를 형성하며 서로 모여 산다.
>
> 서로 협동하고, 도움을 주고받는다.
>
> 사회구조를 지배하는 지도자가 존재한다.
>
> 각자 하는 일이 분업화되어 있다.

2) 인간과 개미가 지구에서 번창하며 살아갈 수 있었던 성공의 비결에 대해서 이야기해봅시다.

> 서로 협동한다. 번식에서 역할을 나누며 분업한다. 사회를 이루지만 개성과 자율을 추구한다. 여왕개미는 그저 알을 낳을 뿐 일개미들을 진두지휘하거나 감독하지 않고 스스로 일하게 내버려둔다.

04 미래를 여는 진로 탐색

유사 직업 안내

곤충학자

곤충학자는 곤충을 대상으로 생명현상을 탐구하고 연구한다. 오랜 시간 동안 관찰하고 연구를 해야 하므로 끈기가 필요한 직업이다. 이들은 자연 과학을 전공하고 순수 학문에 종사하는 사람으로, 자연에 대한 호기심과 지적인 열정이 가득한 특성이 있다. 평소에 자연과 사물, 생명체에 대하여 관심과 상식을 넓혀가다 보면 생물학에 대한 이해의 폭이 넓어질 것이다. 생물학의 여러 분야 중에서 곤충을 대상으로 연구하는 학자를 곤충학자라고 할 수 있다.

농생명공학자

수리 논리력과 자연 친화력을 핵심적인 능력으로 농업기계 산업, 농업기계 기능업, 종자산업, 축산기능, 축산산업, 농화학기술, 유기농업기술 등 농업과 관련된 분야에 생명공학적 방법을 적용하는 공학자이다. 주로 농업과 농촌에 대한 관심과 열정이 있는 사람들이 많으며, 생명과학에 대한 전문적인 지식과 기술을 지니고 있어야 한다. 그리고 농업인들을 대상으로 활동하는 경우가 많아서 사교적인 성격과 친화적인 리더십이 필요한 분야이다.

곤충식품공학기술자

곤충식품공학기술자는 곤충을 이용한 식품에 대하여 조사, 개발, 생산, 품질 관리, 포장, 가공 등의 업무를 담당한다. 이들은 식품산업에 대한 이해를 바탕으로 소비자의 요구와 입맛을 예측하여 상품을 기획하고, 적절한 식품가공 방법과 조리기술을 연구한다. 또한 곤충식품의 안정성이나 성분 검사, 유해성분 잔류검사, 식품첨가물 분석 및 응용과 관련된 일도 담당한다. 식품을 다루는 일을 담당하는 만큼 꼼꼼한 성격과 정직한 인품이 필요한 직업이다. 곤충식품공학기술자가 되기 위해서는 생물학, 곤충학, 식품공학, 발효공학, 미생물학, 조리학 등의 이론을 잘 이해하고 있어야 한다. 또한 분석적인 연구를 병행하기 때문에 생화학적 분석력과 통계적 방법에 대한 지식을 잘 갖추고 있어야 한다.

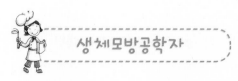

생체모방공학자

생체모방공학자는 자연에서 신기술을 찾아내는 것을 목적으로 곤충이나 다른 생명체의 생태나 습성, 몸 구조를 관찰한 사실들과 과학적 원리들에 대해 탐구한 결과를 바탕으로 알게 된 생체모방(biomimetics) 기술을 인류에게 필요한 기계장치나 제품을 디자인하는데 활용하는 일을 담당한다. 대학의 관련학과로는 생명과학과, 생명공학과, 생체공학과, 응용생물학과, 나노과학과, 유전공학과, 기계공학과, 바이오엔지니어링학과 등이 있다.

신약개발연구원

새로운 의약품을 개발하기 위하여 새로운 곤충이나 알려지지 않은 생명체에게서 약리적 작용을 가지는 몇 가지 화합물들을 추출하고, 생리적 기능을 밝혀 신약으로 개발하는 연구원이다. 생물학, 화학, 의학, 약학, 자연과학 전반에 대한 깊은 지식과 통찰력, 끈기, 실험설계능력 등을 요구되는 직업이다. 새로움을 추구하고, 탐구를 통해 몰랐던 사실을 밝혀내려는 지적 욕구가 강한 사람이 이 직업에 적합하다.

곤충요리 스타일리스트

곤충요리 스타일리스트는 영화, 드라마, 광고 등에 내보낼 곤충요리와 관련된 장면에 대하여 호감을 유발하는 장식과 푸드 스타일링을 담당하는 테이블 아티스트의 일종이다. 손재주와 창의력, 곤충요리에 대한 폭넓은 이해를 바탕으로 곤충요리뿐만 아니라 테이블 공간, 소품, 조명 등의 제반 사항을 고려하여 곤충요리를 돋보이도록 분위기를 연출하는 일을 담당한다. 이들은 국내외 요리 산업의 동향, 주방 식기 디자인, 인테리어 소품 등

에 대한 자료를 수집하고 분석하여 업무에 활용한다. 푸드코디네이터라고
도 볼 수 있는데, 이 직업은 과제집착력과 몰입하는 습성, 요리를 좋아하
는 성향이 필요하다. 매년 농촌진흥청과 예천곤충엑스포조직위원회는 곤
충요리경연대회를 개최하여 곤충요리를 발굴하고, 우수한 작품을 시상하
고 있다.

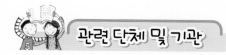

관련 단체 및 기관

- 구리시곤충생태관 〈http://www.guribugs.go.kr〉
- 국립생물자원관 〈https://www.nibr.go.kr/main/main.jsp〉
- 국립생태원 〈http://www.nie.re.kr/main〉
- 농촌진흥청 〈http://www.rda.go.kr/main/mainPage.do〉
- 예천세계곤충엑스포 〈http://www.insect-expo.co.kr〉

3장

장

금융자산운용가

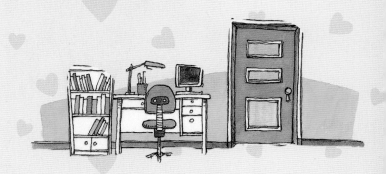

금융자산운용가는

투자계획을 수립하고 자금사정의 변화 및 주식시장의
변동에 따른 포트폴리오를 모니터하고 전문지식에
기초하여 최대한의 투자수익을 올릴 수 있도록
투자판단을 내리고 자산을 운용하는 직업이다.

직업 노크하기

미래형 유망 직업에는 어떤 것이 있을까요?

심각한 실업난과 '묻지마 창업'이 만연한 가운데 서울시가 해결책을 전수했다.
서울시와 서울산업진흥원은 2015년~2016년 새로 발굴한 신 직업군 34종과 그
에 대한 분석을 담은 '미래형 신직업군 총서'를 발간해 사물 인터넷 보안전문가
와 팹 크리에이터, 하우스테이너, 전문 업사이클러 등 생소한 직업들의 전망을

소개했다. 신직업군 총서는 'IT/SW 기술 융합'와 '개인사회 서비스', '메이커스 확산', '교육서비스' 등 총 9개 분야 · 34종으로 구성되어 있다.

IT/SW 기술융합 분야

정보화시대에 꼭 필요한 직업으로 안전망 '사물인터넷(IoT) 보안전문가'와 경험의 패러다임을 바꾸는 '가상현실(VR) 콘텐츠 개발자', 사회 혁신을 주도하는 체인지메이커 '소셜 소프트웨어 개발자', 디지털 시대의 창의적 교육전문가 '코딩 크리에이터' 등이 언급됐다. 가상현실 콘텐츠 개발자는 고객의 다양한 취향에 맞춰 가상현실 기기용 콘텐츠를 만드는 사람이다. 삼성과 마이크로소프트, 페이스북 등 글로벌 기업들이 시장개척을 위해 VR 기기의 가격을 대폭 낮추는 등 공격적인 마케팅을 펼치고 있다. 전문가들은 2017년이 VR 대중화의 원년이 될 것이라 보고 있다.

개인사회 서비스

정리정돈된 노후생활을 설계하는 '시니어 라이프 오거나이저'와 반려견에게 산책을 선물하는 "도그워커" 등도 촉망받고 있다. 도그워커란 산책을 대행해 반려견의 에너지 발산을 도와 스트레스를 줄이고 반려견의 문제 행동개선을 돕는 신 유망직업이다. 시니어 라이프 오거나이저는 중 · 장년층의 라이프 스타일에 맞춰 주변 환경을 정리하고 생활을 개선하는 직업이다. 옷과 침구를 수납하는 일부터 냉장고를 정리하는 일까지 맡는다.

메이커스 확산

3D콘텐츠 제작 · 유통 전문가 '팹 크리에이터'와 상상을 현실로 만드는 사람들 '메이커스랩 코디네이터', 디지털 홈퍼니싱 1인 생산자 '디지털 카펜터', 나만의 아이디어를 3D로 구현하는 '3D프린팅 콘텐츠 크리에이터', 4차 산업혁명을 이끄는 가내수공업 전문가 '홈팩토리마스터' 등이다. '홈팩토리 마스터'는 내 책상 위

에 작은 공장을 여는 사람이다. 3D프린팅 기술을 활용한 디지털 컨텐츠와 아이디어제품 제작분야에서 활동한다. 3D프린팅 기술이 4차 산업혁명의 핵심으로 떠오른 가운데 3D프린팅을 통한 개인의 가정 내 제품 생산 활동인 '메이커 무브먼트' 등이 트렌드가 되고 있으며, 세상과 소통하고 아이디어를 출력해 판매하는 셀-메이커로서 홈팩토리마스터를 발굴하는 것이 중요하다.

교육 서비스

청소년의 꿈에 날개를 달아주는 '커리어액터', 반려동물과 함께 마음을 나누는 '동물매개 아동지도사', 게임으로 미래형 인재를 키우는 '소셜게임 큐레이터', 수학으로 교육의 미래를 여는 '매스 큐레이터' 등. 커리어액터는 연극적 기법을 활용한 진로분야 전문가다. 2016년 자유학기제가 전면 시행된 이후 학생들이 꿈과 끼를 찾을 수 있는 진로탐색과 진로설계의 중요성이 높아지고 있다.

문화기반

한국의 진짜 매력을 세계에 알리는 'K-컬쳐 체험여행가이드', 웹툰의 즐거움을 전하다 '웹툰 에세이스트', 평범한 집을 문화공간으로 바꾸는 '하우스테이너' 등이 있다. K-컬쳐 체험여행가이드는 여행안내사 역할 외에 한국의 다양한 문화를 직접 체험시킬 수 있는 여행서비스 전문가로 여행 이상의 체험을 목표로 하며 전통과 문화를 통해 한국의 매력을 널리 알리고 문화와 체험, 관광 분야의 관광 콘텐츠 전문가로 활약한다.

예술기반

어제의 물건을 내일의 가치로 바꾸는 '전문 업사이클러'와 예술로 장애를 공감하고 흙을 통해 가능성을 찾는 전문가 '장애공감도예코치', 웹툰작가와 작품을 발굴하는 '웹툰기획편집자' 등이다. 전문 업사이클러는 '업사이클링'을 통해 재활용에 가치를 입힌다. 업사이클링은 버려지는 물건을 친환경 디자인을 통해 고부가가치 제품으로 재탄생 시키는 것으로 재활용과는 구별된다. 폐자원과 매립,

소각의 한계에 대응하는 환경적 대안으로 주목받고 있다. 해외에서는 업사이클링이 이미 성장산업으로 자리잡고 있으며 프라이탁(Frietag)과 테라사이클(Terracycle)과 같은 성공한 기업의 사례가 있다.

마케팅 융합

한국과 세계를 연결하는 홍보마케팅 전문가 '글로벌 소셜큐레이터'와 시니어 소비 시장에 활력을 불어넣는 '시니어 상품서비스 마케터'가 있다. 기대수명 연장으로 50대 이상 뉴 시니어, '액티브 시니어'들은 새로운 경제활동에 참여하고 소비 주체로 떠오르고 있으며 시니어마켓 성장 잠재력에 주목하는 기업도 증가하고 있다. 시니어 상품서비스 마케터는 시니어 고객과의 커뮤니케이션을 통해 시니어들의 특징과 욕구를 파악하고 시니어를 위한 종합생활 지원서비스를 제공한다.

미디어 창작

아날로그에 IT를 입히는 '스마트 영상작가'와 변화하는 세계를 영상으로 전달하는 '영상맥가이버', 나만의 콘텐츠로 소비자와 소통하는 '미디어콘텐츠창작자' 등이 있다. 이중 영상맥가이버는 사회 변화에 적응하지 못하는 시니어 가구와 1인 가구 눈높이에 맞춰 '쉬운 동영상'과 '그래픽'을 만드는 사람이다. 전자기기 사용법뿐만 아니라 재난기구와 공공시설 등 생활기반 시스템 전반에 적용이 가능하다.

디자인 응용

법을 아는 디자이너 'IP(지식재산법) 디자이너', 데이터의 가치를 극대화 시키는 '데이터 디자이너', 정보의 흐름을 읽는 사람 '데이터 기획자', 지역사회의 문제를 창의적으로 해결하는 '커뮤니티 디자이너' 등이다. 데이터 디자이너는 데이터를 읽고 현실의 필요와 기술을 연결하는 사람이다. 데이터가 늘어나면서 '빅데이터'가 등장했다. 데이터를 이용한 작업 전반의 중요성이 급증하고 있다. 이에 데이터를 기획하고, 발굴하여, 이를 효과적으로 시각화할 수 있는 능력은 세계적으로 주목받고 있다.

경력 컨설턴트가 뽑은 10대 유망 직업	
순위	2015년 유망 직업
1	금융자산 운용가
2	컴퓨터 보안 전문가
3	하이브리드 동력시스템 개발자
4	경영 컨설턴트
5	마케팅 전문가
6	유비쿼터스 러닝 교수법 설계자
7	태양광발전 연구원
8	기후 전문가
9	상담 전문가
10	실버시터(요양보호사)

자료: 커리어

투자신탁, 연금 등 기관투자가의 투자운영을 담당하며, 투자계획을 수립하고 자금사정의 변화 및 주식시장의 변동에 따른 포트폴리오를 모니터하고 전문지식에 기초하여 최대한의 투자수익을 올릴 수 있도록 투자판단을 내리고 자산을 운용한다. 주로 투자자문회사, 투자신탁, 신탁은행 등에서 활동하며, 전문지식과 노하우를 가지고 운용자산의 특성에 맞추어 다른 사람들이 맡긴 돈을 가장 효율적인 투자계획을 세워 운용하고, 생기는 이익을 투자자에게 다시 돌려주는 일을 한다.

취업포털 커리어에서는 2015년 10대 유망직업을 선정하면서 대망의 1위로 금융자산운용가를 꼽아서 금융권 취업을 희망하는 취업준비생들의 이목을 집중시켰다. 금융자산운용가는 펀드매니저, 주식/채권 관리, 자산관리 등의 세부적인 업무 직종으로 다시 분류할 수 있다.

고객자산관리운용가, 증권투자전문가, 기업고유자산운용가, 파생상품투자운용가, 펀드매니저, 자산운용인력등이 금융자산운용가 등이다. 대부분의 전문직종에서와 마찬가지로 전문가로서의 면모는 물론이고 타고난

감각이 요구되는 직업이다. 일반적으로 금융자산운용가는 기관 투자자나 개인 투자자에게 의뢰 받은 자산이 최대 투자수익을 올릴 수 있도록 투자 전략에 대한 정보를 제공하고 계획을 세워 운용하는 역할을 담당한다. 때문에 환율이나 물가 등 경제적 변수를 읽는 수리력과 분석·예측력이 필수 자질이며 고객의 자산을 운용하는 업무를 담당하기 때문에 강한 윤리의식과 책임감, 성실함을 요구하는 직업이라고 할 수 있다. 평균수명이 급격히 늘어나면서 재테크에 대한 인식이 높아지고 있기 때문에 금융자산운용가의 역할은 점점 확대될 것으로 전망하고 있다.

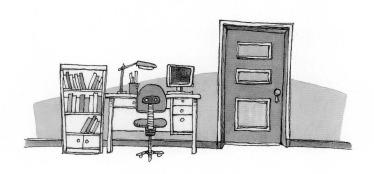

금융자산운용가가 되려면

정규 교육과정

금융자산운용가가 되기 위해서는 일반적으로 4년제 대학의 경영학, 경제학, 통계학, 금융학, 금융회계학, 세무학 등을 전공하면 유리하다. 경영, 경제, 회계분야의 석사 학위 이상을 요구하는 곳도 있으며 최근에는 이공계출신의 진출도 높다.

관련 자격증 및 취업

금융자산운용가와 관련된 국가자격증은 없으나 국가공인민간자격으로 한국금융연수원에서 주관하는 자산관리사가 있다. 또한 관련 민간자격증으로 금융투자협회에서 주관하는 투자자산운용사, 금융투자분석사가 있다. 투자자산운용사는 집합투자재산, 신탁재산 또는 투자일임재산을 운용하는 업무를 수행하는 인력을 양성하기 위해 시행하고 있는 자격이다. 금융투자분석사는 투자매매업 또는 투자중개업을 인가받은 금융투자회사에서 특정 금융투자상품의 가치에 대한 주장이나 예측을 담고 있는 자료를 작성하거나 이를 심사승인하는 업무를 수행하는 자격이다.

투자자산운용사와 같은 자격증을 취득하면 유리하고, 자격증의 취득 여부보다 실제로 수익을 올리며 자산을 운용하는 역량을 가지는 것이 더 중요하다. 모의투자대회와 같은 금융관련 공모전에 응시하여 입상하면 취업 시 유리하다. 일반적인 금융자산운용가들은 투자신탁운용사나 자산운용사, 증권사, 종합금융사 등에 입사하여 투자상담사나 회계사 또는 투자분석사 업무를 하다가 자산운용사나 투자자문사 같은 곳에서 경력을 쌓고

투신사나 증권사로 가는 경우가 많다. 명성을 얻으면 스카우트 되는 경우도 있고, 또한 학력이나 자격증 없이도 실전주식투자에서 높은 수익을 내거나 모의투자대회에서 수상을 하게 되면 스카우트를 받을 수 있다. 그리고 재정적인 여건과 본인의 투자실적에 대한 인지도가 상승하게 되면, 관련분야의 창업을 할 수도 있다.

02 누구에게 어울릴까

 흥미와 적성

금융자산운용가는 환율, 물가 등 경제 내외적 변수를 읽는 탁월한 수리력과 분석력이 있어야 하며 국제경기 및 장래 시장의 흐름을 파악하는 예측력과 증시변화에 따라 의사 결정할 수 있는 판단력과 결단력을 갖추고 있어야 한다.

회사 또는 고객의 자산을 운용하는 업무를 담당하기 때문에 강한 윤리의식과 책임감, 성실함이 요구된다. 홀랜드 유형론에서 진취형과 탐구형의 흥미를 가진 사람에게 적합하며, 스트레스 감내, 자기통제 능력, 분석적 사고 등의 성격을 가진 사람들에게 유리하다.

현황 및 전망

금융자산운용가가 되기 위해서는 투철한 직업관과 윤리의식은 물론이고 금융투자 관련 법규, 각종 투자기법, 리스크관리, 투자대상인 주식 · 파생상품 · 부동산에 대한 분석방법 등의 지식이 필요하다. 또한, 투자신탁운용사나 자산운용사 등에 입사하여 일정기간 이상의 운용업무경력을 갖는 것이 필요하다. 증권사에 입사한 뒤 주식투자의 노하우를 쌓아 금융자산운용가로 자리를 옮기거나 은행이나 보험사, 공무원연금, 국민연금 등의 자금부나 신탁부에서 자금운용을 하다가 금융자산운용가가 되기도 한다. 대학의 관련 학과에서 전문적으로 공부해야 하는데 일반적으로 경영학, 경제학, 국제경영학, 국제경제학, 금융보험학, 금융학, 재무금융학, 통계학 등의 전공자가 유리하다. 일부 회사에서는 석사 이상의 학위나 경영대학원(MBA) 과정의 수료를 요구하기도 한다. 이 밖에 경제동향은 물론 산업 전반에 대한 구조적인 이해가 뒷받침되어야 하므로 시장흐름을 빠르게 파악하는 능력을 키워야 한다. 따라서 경제금융뉴스, 시황, 전문가 분석 등에 관한 정보를 지속적으로 접하고, 경제일간지를 보는 습관을 길러 놓아야 한다. 대학시절 투자경험을 쌓기 위해 모의투자게임에 참여하는 것도 좋다.

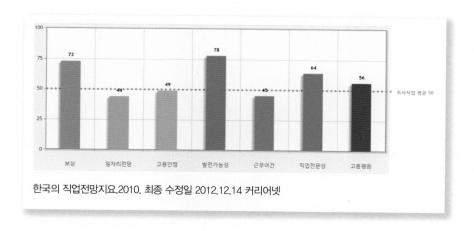

한국의 직업전망지요.2010. 최종 수정일 2012.12.14 커리어넷

자산 운용가의 임금과 복리후생의 수준은 매우 높으며 일자리 창출과 성장이 제한적으로, 취업경쟁이 매우 심한 것으로 나타났다. 정규고용과

고용유지의 수준이 낮게 나타났다. 업무를 통한 능력의 가능성이 매우 높고 성과나 실적에 따라 승진이나 직장이동이 쉬우며 근무시간이 규칙적이고 근무 환경도 매우 쾌적하나 근무시간이 길고 정신적인 스트레스가 매우 심하다. 관련 분야에 대한 상당한 수준의 전문지식을 요하며 그에 따른 업무의 자율성이나 권한이 큰 편이고, 사회적인 평판도 긍정적이다. 개인 업무수행 능력에 따라 고용이 결정되므로 양성평등이 잘 이루어지고 있다.

03 진로독서 함께해요

첫 번째 독서 활동

도서	경제를 배우는 14가지 돈의 비밀	도서정보	신현배/ 가문비어린이 / 2014년
교육과정 핵심역량	비판적 · 창의적 사고 역량, 지식 정보처리 역량, 의사소통역량	직업군	금융자산운용가

『경제를 배우는 14가지 돈의 비밀』은 아이들이 돈을 제대로 알고 쓸 수 있도록 안내해주는 책이다. 우리는 우리가 사용하는 돈에 대해서 얼마나 알고 있을까? 이 책은 돈 귀신이 어린이들에게 들려주는 재미있는 돈 이야기이다. 방학 때 시골 할머니 댁에 놀러온 창희와 세라 남매가 돈 귀신을 만나게 되고 돈 귀신은 아이들에게 돈에 관한 모든 이야기들을 들려준다. 돈이 어떻게 생겨났고, 옛날에는 어떤 돈이 있었는지, 옛날 사람들은 어떻게 돈을 벌었는지 돈 귀신의 신명나는 이야기를 들을 수 있다.또한 위조화폐가 옛날에도 있었는지, 돈 도깨비가 누구인지 등 돈과 경제에 관련된 흥미로운 이야기를 만날 수 있다.

교육과정 연계 독서 활동

가. 의사소통 역량

📢 돈 때문에 괴롭거나 힘들었던 적이 있나요?

> 원하는 물건을 사고 싶은 데 돈이 없어서 부모님께 조르다가 혼이 난 적
> 이 있습니다. 그때 나도 돈이 많았으면 좋겠다고 생각했습니다.

📢 돈이 많이 생기면 무엇을 하고 싶은가요?

> 내가 갖고 싶은 장난감을 사고 싶습니다. 친구들과 맛있는 걸 사 먹고
> 싶기도 하구요. 그리고 무엇보다도 휴대폰을 사고 싶습니다.

나. 지식정보 처리 역량

📢 아주 옛날부터 현재까지 우리나라에서 발행되었던 돈의 종류는 어떤 것
이 있나요?

> 예) 상평통보

🔊 오늘날의 돈의 역할을 했던 옛날의 물건에는 어떤 것이 있었나요?

예) 쌀, 옷감 등

다. 비판적·창의적 사고 역량

🔊 돈이 많으면 꼭 좋기만 할까요?

돈이 많으면 좋을 것 같아요. 하고 싶은 것을 마음대로 할 수가 있을 것 같아요. 그런데, 안 좋은 것도 있을 것 같긴 해요. 돈을 뺏길까 걱정이 될 것 같기도 하고......

🔊 돈의 긍정적인 부분과 부정적인 부분에는 어떤 것이 있을까요?

긍정적인 부분

예) 경제를 돌게 한다.

부정적인 부분

예) 도둑질을 하게 된다.

3단계별 이야기식 진로독서활동

가. 배경지식으로 찾아보기

📢 '돈'이라는 말의 뜻은 무엇일까요?

📢 자신의 노력으로 돈을 벌어 본 적이 있나요? 있다면 언제이며 어떤 방법
으로 얼마나 벌었나요?

어머니 심부름을 하고 돈을 받아본 적이 있습니다. 폐지 줍기와 빈 병을
주워서 돈을 벌어본 적이 있습니다

나. 책 속에서 진로 찾기

📢 옛날 사람들도 월급이라는 것이 있었습니까?

예) 녹봉

📢 옛날에도 은행이 있었을까요? 옛날에 요즈음의 은행과 비슷한 역할을 했던 것에는 어떤 것이 있었을까요?

예) 고려시대의 장생고

- -

📢 최근 스마트 폰이나 인터넷에서는 돈과 비슷한 역할을 하는 것이 있고 이를 이용하여 돈을 버는 직업 등이 나타나고 있습니다. 어떤 것들이 있는 지 조사해 봅시다.

인터넷 방송에는 별 풍선 등이 돈 대신 사용되고 있으며 특정 인터넷 방송 BJ(진행자)는 별풍선을 모아 돈으로 바꿀 수 있습니다.

📢 자신의 생활 주위에는 어떤 은행들이 있으며 은행을 이용한 경험이 있나요?

저희 동네에서 본 은행은 3가지 정도가 되는 것 같습니다. 국민은행, 농협, 새마을 금고인 것 같습니다. 저는 ○○ 은행에 제 통장이 있는데 엄마를 따라서 저금하러 간 적이 몇 번 있습니다.

진로독서 토론 활동

　최근 돈이 최고라는 사고 방식과 함께 황금만능주의, 물질 중심의 생활이 사람들의 관심을 끌고 있으며 돈을 위해서라면 감옥도 가겠다는 설문조사도 나오고 있습니다. 여러분들은 어떻게 생각하나요? 돈이 삶의 전부인가요? 돈이 많으면 많을수록 좋은가요?

🔊 토론 주제 : 돈은 많을 수록 좋다.

반대

진로독서 논술

🔊 돈을 가치 있게 벌고 가치 있게 쓴다는 것은 어떤 것일까요?

도서	12살에 부자가 된 키라	도서정보	보도 새퍼 / 을파소 / 2002년
교육과정 핵심역량	지식정보 처리 역량, 창의적 사고 역량, 자기관리 역량	직업군	금융자산운용가

『12살에 부자가 된 키라』는 열두 살에 부자가 될 결심을 하고 그 목표를 달성해 가는 키라의 모험담이다. 동화라는 형식을 이용하여 초등학생이 재미있게 읽을 수 있도록 한 책으로 돈과 경제의 개념을 알기 쉽게 설명하고 있다. 평범한 소녀 키라가 말을 하는 개, "머니"를 만나면서 키라의 모험은 시작된다. 우리의 일반적인 삶에서 돈 또는 경제가 어떤 역할을 하는지, 삶을 풍성하게 하기 위해서 돈과 경제를 어떤 식으로 생각해야 할 지에 대해서 안내해 준다. 이 책에서 키라는 직접 은행에 가서 통장을 만들고, 또한 주식 투자까지 하게 된다. 저축에는 어떤 종류가 있는지, 인플레이션이란 무엇인지, 이자율이라는 것이 어떤 의미인지를 배운다.

교육과정 연계 독서 활동

가. 지식정보 처리 역량

📢 각 나라마다 돈도 다르고 돈의 가치도 다릅니다. 나라별 돈의 종류에는 어떤 것들이 있을까요?

> 예) 중국 : 위안, 일본 : 엔 등

📢 나라별 돈의 가치는 어떻게 다른 가요?

> 대략 적인 수치이며 기준 날 마다 조금씩 다릅니다.
>
> 예) 우리 나라 1000원을 기준으로 하면 중국 : 5위안, 일본 : 93엔

나. 창의적 사고 역량

📢 청소년이 돈을 벌 수 있는 방법에는 어떤 것들이 있을까요?

> 예) 편의점 등의 아르바이트 , 장학금을 받는 방법 등

📢 돈으로 할 수 있는 것과 할 수 없는 것이 있습니다. 돈으로 할 수 없는 일에는 어떤 것이 있을까요?

예) 친구와 우정을 만드는 것 등

다. 자기 관리 역량

📢 여러분은 목표가 있는가요? 목표가 있다면 어떤 목표가 있나요?

공부에 대한 목표가 있습니다. 올해는 수학성적을 올리고 싶어요. 90 점 이상을 받는 것이 목표입니다.

📢 남을 위한 것이 아닌 자기 자신을 위해서 했던 일은 어떤 것이 있나요?

예) 운동

3단계별 이야기식 진로독서활동

가. 배경지식으로 찾아보기

📢 부자란 어떤 것입니까? 부자에 대해 써 보세요.

> 일단 부자는 돈이 많아야 할 것 같습니다. 그런데 돈도 많아야 하지만 마음도 부자여야 할 것 같습니다. 즉 다른 사람에게 자기의 것을 나눌 수 있는 사람이 부자인 것 같습니다.

📢 부자는 행복할까요? 부자와 행복은 어떤 관계가 있을까요?

> 행복해지려면 부자여야 할 것 같습니다. 그런데 그 부자는 돈만 많은 부자가 아니라 적당한 돈과 마음도 부자여야 할 것 같습니다.

📢 키라는 부자가 되고 싶은 10가지 이유를 찾아내었습니다. 여러분은 부자가 되고 싶다면 그 이유는 무엇입니까? 5가지만 적어봅시다.

> 갖고 싶은 것 사기, 여행 가고 싶은 곳 가기, 어려운 사람을 도와주기 등

📢 부자가 되기 위해서는 어떤 일을 해야 합니다. 여러분은 어떤 일을 하면서, 어떤 부자가 되고 싶은 가요?

> 저는 수학 부자가 되고 싶습니다. 수학 박사가 되어 제가 연구한 수학이 세상에 도움이 되었으면 좋겠습니다. 그리고 학생들이 쉽고 재미있게 수학을 배울 수 있도록 수학연구소를 지어 수학 부자가 되고 싶습니다.

📢 돈을 버는 방법에는 직접 돈을 벌거나 저축 등의 방법도 있지만 투자라
는 방법도 있습니다. 여러분이 알고 있는 투자에 대해서 적어보세요.

지금 현재 나의 재능이나 공부를 하는 것도 미래를 위한 투자라고 생각
합니다.

📢 직업이나 돈, 경제에 대한 지식이나 정보를 찾을 수 있는 곳을 조사해
봅시다.

예)한국금융투자협회 http://www.kofia.or.kr

진로독서 토론 활동

　청소년 시기에는 무엇을 하는 것이 가장 중요한 것인지 이야기 해 봅시다. 많은 청소년들이 돈을 벌기 위해 아르바이트를 하고 있습니다. 청소년들도 갖고 싶은 물건도 있고 하고 싶은 일도 있고 먹고 싶은 것들도 많습니다. 하고 싶은 것을 하기에는 용돈이 많이 부족하기 때문에 많은 청소년들이 아르바이트로 필요한 돈을 벌고 있습니다. 돈을 벌기 위해서 시간을 많이 쓰면 돈은 벌어서 좋지만 자기의 재능을 키우는 데에 쓰는 시간이 부족해 집니다. 청소년 시기에 돈을 버는 것과 자기를 위한 투자, 즉 공부를 하는 것 중에 무엇이 더 중요할까요?

🔊 토론 주제 : 청소년은 돈을 벌기보다 공부를 해야 한다.

찬성

반대

진로독서 논술

　요즈음은 대학이 취업을 위한 하나의 과정처럼 변해버린 것 같습니다. 직업을 갖기 위해서 대학을 꼭 가야 하나요? 현재의 교육제도로 볼 때 고등학교 졸업 후 취직을 해도 될 듯 합니다. 취직과 대학진학을 어떻게 생각하는지 적어 봅시다.

📢 다음 기사 내용을 보고 물음에 답하시오.

"10억을 받으면 감옥에 1년쯤은 가도 상관없다?"

밥매거진 11월호 주제 중의 하나가 "10억을 받으면 감옥에 1년쯤은 가도 상관없다?"였다. 2013년 흥사단 투명사회운동본부 윤리연구센터가 초 · 중 · 고등학생 2만 1천여 명의 대답을 발표했다. 그들이 공개한 「2013년 청소년 정직지수 조사 결과」에 따르면, 일부 청소년은 10억을 받으면 감옥에 1년쯤 가도 괜찮다고 생각하는 것으로 나타났다. "10억을 주면 감옥에 1년 가겠다."는 비율이 초등학생은 16%, 중학생은 33%, 고등학생 47%로 조사됐다. 이는 2012년보다 높아진 비율이다. 2012년에는 초등학생 12%, 중학생 28%, 고등학생 44%가 같은 대답을 했다. 10억 원과 1년 감옥살이를 바꾸겠다는 '합리적인(?)' 생각을 했다는 게 씁쓸할 따름이다. 한 경제 관련 자료를 읽어보니, 1억이라는 돈은 월급을 300만 원 정도 받는 직장인이 매달 절반을 저축했을 때(현재 우리나라의 가계저축률은 5%를 채 넘지 못한다.) 6년 만에 손에 쥘 수 있는 어마어마한 액수다. 그러니 일반사람이 10억을 모으려면 50년이라는 시간이 필요하다. 50년은 우리 인생의 절반이 넘는 시간이다. 냉철한 '현실주의' 감각에 따라 감옥 1년과 맞바꾸는 거래에 매혹 당할 만하다. 그런데 학생들은 어째서 이러한 질문에 "네"라고 대답하게 되었을까? 그것은 오직 돈만 밝히는 이기적인 어른들, 맹목적인 무한 경쟁을 부추기는 사회 분위기와 시스템, 갈등 조정 능력을 잃어버린 정부 등 총체적인 문제가 아닐까 한다. 돈이면 모든 것이 용서되는 물신주의, 평가와 결과물에 집착하는 성과주의가 만들어낸 사회에서 공부하는 학생들이 이런 생각을 하는 것은 어떻게 보면 당연하다고 할 수 있다.

어른들은 "공부를 하면 이런저런 좋은 점이 있단다." 하면서 아이들을 실용적으로 유도한다. 공부하면 좋은 학교에 들어갈 수 있고, 존경받는 지위에 오를 수 있고, 높은 연봉을 받고, 수준 높은 이성을 배우자로 맞을 수 있다는 식으로 설명한다. "수능 때까지 죽자 살자 공부하고, 연애와 여행, 취미생활과 독서는 그 뒤에 맘껏 하라."고 말하는 대한민국의 어른들이 뻔히 보이지 않는가? 그렇게 자란 아이들이 과연 어른이 되어서도 행복할 수 있을까?

이러한 점에서 "10억을 받으면 감옥에 1년쯤은 가도 상관없느냐?"는 질문에 "네"라고 말하는 학생들을 보며 그저 뭐라 할 수만은 없는 상황이다. 어떻게 보면 엉뚱하다 싶은 질문도 진지하게 대화를 나누면 학생들은 이미 사회가 어떤 곳인지 알고 있다는 것을 느낄 수 있다. 그들이 살아가기 위해서는 '돈'이 어떤 역할을 하는지, 그리고 '돈'이 없으면 어떤 취급을 받는 지까지….

사회에서는 이런 학생들의 반응을 보면서 "청소년들의 윤리의식이 이 정도라니 안타까운 현실이다", "죄를 짓고 감옥에 가는 것을 너무 가볍게 생각한다."는 반응을 보인다. 하지만 학생들이 이런 생각을 하게 만든 것은 어른들과 사회. 어른들이 하는 말은 항상 같다. 열심히 공부해서 소위 대기업이라는 곳에 취직하라고 강요한다.

(출처: 밥 매거진)

1) 돈이 우리 생활에 어떤 영향을 주고 있으며 사회에서 하는 역할을 무엇인
   지 조사해 봅시다.

2) 많은 사람들이 공평하다고 느끼는 세상이 되기 위해서 갖추어져 할 제도
나 문화에는 어떤 것이 있을까요?

3) 진정한 행복의 조건에는 어떤 것들이 있을까요?

04 미래를 여는 진로 탐색

유사 직업 안내

투자분석가

투자분석가는 자신의 회사 혹은 회사고객들에게 금융 및 투자자문을 제공하기 위해 금융시장정보를 수집, 분석한다. 매일의 주식 및 채권보고서, 경제예측, 거래량, 금융잡지, 증권편람, 회사재무제표 등과 출판물을 이용하여 회사, 주식, 채권 및 기타 투자에 대한 정보를 수집한다.

거시경제 흐름이나 산업별 동향을 분석하고 기업의 경영, 재무여건, 성장가능성 등 투자의 방향성을 제시해준다. 회사의 개요, 주식 및 채권가격, 이자율 및 장래 트렌드 등을 조사 분석하며, 특정 유가증권의 본질적 가치에 대한 자료를 수집한다. 증권의 안전성, 수익성, 유동성을 분석하고 고객, 연금펀드관리자, 증권 중개인 및 협회에 투자자문 및 권고안을 제공한다.

신용분석가

신용기간 연장이나 대출관련 위험도를 판단하기 위해 신용자료 및 재무제표를 분석한다. 고객의 재무상태를 판단하기 위해 컴퓨터 프로그램을 이용하여 재정비율을 산출하며, 대출의 수익성을 분석한다. 고객기록을 평가하고 수입, 저축자료, 지불내역 및 구매활동에 기초해 지급계획을 추천하며, 신용분석, 대출청구내용 요약을 포함한 대출신청서를 작성하고 승인을 받기 위하여 대출위원회에 제출한다. 신용정보를 교환하기 위해 신용협회 및 기타 기업대표들과 협의한다. 수금 불량계좌를 파악하고 선별하기 위해 개인이나 거래고객 서류철을 검토한다. 불만을 해결하고 금융 및 신용거래를 확인하며, 필요시 거래를 조정하기 위해 고객과 상의한다.

보험계리사

수학, 확률, 통계적 방법을 응용하여 보험, 연금, 퇴직연금 등에 대한 보험료 및 보상지급금을 계산한다. 보험, 연금과 관련된 미래의 위험도를 계산하기 위해 수학, 확률, 통계 및 위험이론을 응용하며 미래의 수익가치에 대한 지표를 제공한다

보험계리사로 일하려면 수학, 통계학, (금융)보험학, 경제학 등 관련 분야의 학사 학위가 있어야 한다. 보험회사의 일반 사원으로 입사해 상품개발실 등에 배치되어 업무를 수행하거나 보험계리사 자격증을 취득하여 입직하기도 한다. 자격증이 있으면 인사고과, 연봉책정, 승진인사 등에 유리

하며 별도의 자격수당이 지급된다. 보험계리사 1차 시험은 학력, 경력, 성별, 국적 등 응시자격에 제한은 없다. 1차 시험에 합격하면 2차에 응시할 수 있다. 2차 시험 응시 자격은 1차 시험에 합격한 해를 포함하여 5년이 경과하지 아니한자, 또는 보험업법시행규칙 제47조의 규정에 의한 기관에서 보험수리 업무에 5년 이상 종사한 경력이 있는 자에 해당한다. 즉, 보험감독원, 보험사업자, 보험협회, 보험요율산출기관 등에서 보험수리 업무에 5년 이상 종사한 경력자는 1차 시험이 면제된다. 1차 시험과목은 보험계약법(상법 중 보험편), 보험업법 및 근로자퇴직급여보장법, 경제학원론, 보험수학, 회계원리이다. 2차 시험과목은 계리리스크관리, 보험수리학, 연금수리학, 계리모형론, 재무관리 및 금융공학이다. 2차 시험에 합격하고 나면 금융감독위원회가 지정하는 보험회사, 금융감독원, 보험개발원, 생명보험협회, 손해보험협회 등의 기관에서 6개월 이상의 수습기간을 거쳐야 한다. 한편, 보험계리사는 보험 및 연금회사의 상품개발부, 수리부, 계리부나 연금컨설팅 회사나 보험계리법인 등에서 일한다.

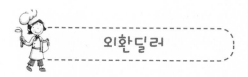

외환딜러

외환중개인이라고 불리기도 하며, 달러($)를 비롯해서 엔화, 마르크화 등 국제 금융시장에서 통용되는 외환과 파생 상품을 가장 싼 시점에 사들여서 가장 비쌀 때에 팔아 그 차액을 많이 남기는 일을 수행한다.

외환딜러가 되기 위해서는 경영, 경제, 회계, 무역, 통계학 관련 4년제 대학 이상을 졸업하는 것이 일반적이다. 최근에는 경영(MBA), 경제, 회계

분야의 석사 이상 학위를 점차 많이 요구하고 있다. 한국금융연수원이 금융사무원을 대상으로 국제금융 전반에 관한 교육과정을 개설하고 있으며, 이 외에도 일부 사설기관에서 외환딜러 양성교육 프로그램을 마련하고 있다. 외환딜러가 되기 위해서는 국내은행이나 증권사, 선물회사, 대기업 등의 공채시험에 합격하여 금융실무능력을 쌓은 후 테스트나 추천에 의해 외환 업무를 담당하는 것이 일반적이다. 한편, 은행간 딜러가 아닌 대고객 딜러의 경우 파생상품투자상담가 같은 자격증이 있어야 업무 수행이 가능하다. 한국금융연수원이나 사설학원, 또는 단체에서 운영하는 외환딜러양성 프로그램을 연수하면 업무수행에 유리하다.

부동산 펀드매니저

부동산 투자자 및 펀드자금을 모아 부동산에 투자하는 운용업무를 맡는다.

부동산펀드매니저가 되기 위해서는 경영/경제, 법, 회계, 부동산 및 건축/토목 관련 4년제 대학 이상을 졸업하는 것이 취업에 용이하다. 한국생산성본부, KDI에서 시행하는 부동산 관련 교육과정이 있다. 자산운용사, 부동산신탁회사 등에서 부동산 운용업무를 하기 위해서는 투자자산운용사 시험을 합격하고, 부동산 교육을 이수하여야 한다. 부동산펀드매니저는 전문적 지식을 갖추는 것과 동시에 논리적 분석력, 상황에 대한 판단력 등의 능력도 중요하다. 세계경제의 흐름, 부동산경제 및 관련 법규에 대한 해박한 지식이 필요하다.

- 고용노동부 한국고용정보원 http://www.work.go.kr/

- 한국직업능력개발원 http://www.career.go.kr/

- 한국금융투자협회 http://www.kofia.or.kr

- 한국금융투자협회 금융투자교육원 http://www.kifin.or.kr

- 서울산업진흥원 http://www.sba.seoul.kr/kr/index

- 싱글리스트 http://www.slist.kr/

- 밥 매거진 http://mybop.co.kr/

4장

장

기업프로파일러

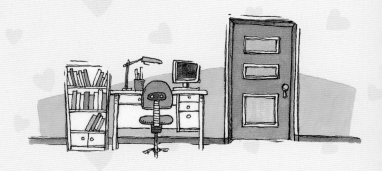

기업프로파일러는
기업의 행동이나 습관을 분석해 기업의 시장전략을
분석하고 정체성을 새롭게 고안하는 일을 한다.
미래 예측을 위해 과거의 마케팅 전략을 분석하여
기업의 미래 방향을 제시하는 일을 한다.

01 재미있는 직업 이야기

 직업 노크하기

〈출처 : 쉐어하우스〉

'캐치미', 쫓고 쫓기는 완벽한 프로파일러의 로맨스?

10년 전 첫사랑,

완벽한 프로파일러 vs 전설의 대도로

만나다!

'검거율 100%, 미제사건 제로'를 자랑하는 전문 프로파일러 이호태(주원 분) 경위. 하지만 이번에 그가 상대할 용의자는 만만치 않다. 전세계적으로 유명한 미술품을 훔친 윤진숙(김아중 분). 그녀는 완전범죄로 정평이 난 전설적인 대도다. 호태는 우연히 뺑소니 차량의 주인을 찾던 중 진숙의 소재를 알게 되고 그녀를 찾아간다. 거기까진 좋았다. 이 무슨 얄궂은 운명의 장난인가. 윤진숙은 다름 아닌 10년 전 헤어졌던 이호태의 첫사랑이 아닌가.

'이숙자'라는 이름으로 기억하는 호태의 첫사랑 윤진숙. 10년 전 달콤한 미소만을 남긴 채 사라져버린 그녀. 그런데 다시 만난 그녀는 무면허 뺑소니, 조선 청화백자에 영국황실 다이아몬드까지 훔친 장본인이었다. 이제 파헤치는 것이 직업인 그와 훔치는 게 직업인 그녀의 위험한 만남이 시작된다!

〈출처: 네이버영화, 2013년〉

영화 '캐치미(steal my heart)'는 완벽한 꽃미남 프로파일러와 세기의 미녀인 전설의 대도 사이의 쫓고 쫓기는 추격전을 다룬 로맨스 코미디 영화이다. 사랑스러운 범인이 첫사랑 그녀였으니 영화는 상상만해도 설레지 않는가? 그보다 이 영화의 소재로 사용된 남자 주인공의 직업은 프로파일러이다. 일반적으로 '프로파일러'라고 하면, 이 영화와 같이 '범죄프로파일러'를 떠올린다. 범죄의 과정을 분석하여 범죄자의 패턴을 파악하고 앞으로의 범죄를 예측하고 예방한다.

이와 마찬가지로 기업분야에는 '기업프로파일러'가 있다. 우리가 살고 있는 현재는 4차 산업혁명과 빅데이터, 인공지능(AI)의 시대이다. 방대한 양의 지식과 정보가 가득한 사회 안에서 자신의 이윤을 창출하고 이를 유지하기 위한 새로운 방법들이 많이 필요해지는 시점이다. 길을 가다보면 많은 상점들이 문을 닫은 상태를 볼 수 있다. 신문 기사나 뉴스 기사를 보면 중소 기업은 물론이고 대기업들도 하나둘씩 부도가 나고 있는 것이 현실이다. 이제는 단순히 개개인이 자신의 위치에서 소명의식을 다하여 노력 하는 것으로는 부족한 세상이다. 그렇다면, 우리의 현재와 미래의 생활을 위해서라도 이 문제들을 해결해야한다. 어떠한 안목을 가지고 현상을 이해하고 분석하여 우리

〈출처 : 네이버 팟캐스트〉

132

에게 적용할 수 있을까?

방대한 양의 지식과 정보를 통제하고 활용하여 이를 인간이 분석하고 적용하는 시대는 이미 지나갔다. 현재는 이 데이터들을 분석, 관리, 적용까지 가능한 많은 시스템의 개발이 이루어지고 있는 추세이다. 하지만 그 와중에 여전히 인간의 역할을 필요로 하며 인간을 대신하지 못하는 분야가 존재한다.

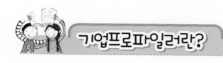

〈출처 : 워크넷〉

기업의 미래 행동과 전략을 예측하는 비즈니스 전략가

범죄과정을 과학적으로 재구성하고 이를 통해 범행동기와 용의자의 특징 등을 분석하는 범죄분석관, 이들은 '범죄프로파일러'이다. 연쇄 살인 같은 강력범죄가 발생했을 때 범죄자가 어떻게 범행을 준비했고, 어떻게 범죄를 저질렀는지, 시신은 어떻게 처리했는지 등을 조사하고 분석한다. 그리고 이러한 분석 결과는 나중에 범죄자의 패턴을 분석해 범죄를 미리 예측하는데 활용한다.

이와 유사하게 기업경영 분야에는 '기업프로파일러'가 있다. 이들의 목적은 지금까지의 기업 행동이나 습관을 분석해 기업의 미래 행동을 예측하는 것이다. 특히 요즘처럼 기업환경이 급격하게 변화하는 때에는 미래에 어떤 전략을 세우고 경영할 것인지가 기업의 핵심 이슈가 되었다. 이에 따라 **기업의 현재를 진단하고 미래의 방향을 제시하는 미래전문가, 이를 '기업프로파일러'**라고 한다. 더욱이 최근 빅데이터 분석 기법이 발달하면서 새로운 경영전략을 세우거나 새로운 기업 이미지를 설정하고자 할 때 프로파일링 기법을 활용하는 것이 중요해지고 있다.

기업프로파일러는 기업프로파일링 기법을 활용하여 기업의 기존 시장 전략을 분석하고 기업의 정체성을 새롭게 고안하는 일을 한다. 기업의 이미지 구축은 물론 이윤 창출을 극대화하기 위한 전략이나 방안을 제시한다.

또한 미래 예측을 위해 지난 마케팅 전략을 분석한다. 경영진 및 직원들과의 회의를 통해 해당 업계의 시장 상황을 섬세하게 분석하고, 그 결과를 토대로 기업의 미래 방향을 경영진에게 제시함으로써 기업의 새로운 정체성을 설정한다. 여기에 자신의 아이디어와 콘셉트를 경영진에게 제시하기도 한다.

이들의 직무는 분석하고자 하는 분야에 따라 달라진다. 크게 기업정보 프로파일링, 조직프로파일링 혹은 조직문화프로파일링, 세무회계프로파일링 등으로 구분된다. 최근 관심이 커지고 있는 기업 내의 빅데이터 분석도 기업프로파일러의 직무에 속한다고 볼 수 있다.

기업프로파일러가 되려면

기업프로파일러를 양성하기 위한 공식적인 교육과정이나 자격 준비 단계는 아직 체계화를 갖추기 이전 단계이다. 기획 부문의 직무에서 전문화 및 세분화된 직업의 하나로 기업프로파일러의 역할을 생각해보면 다양한 분야의 전문성을 갖춘 인재가 요구되는 것이 사실이다. 기본적으로는 외국어 능력, 경영학과 경제학, 미래학, 심리학, 빅데이터[1] 분석을 공부해야한다.

먼저 기업프로파일러에게는 마케팅과 브랜드에 대한 지식이 중요하며, 기업의 정체성을 새롭게 만들기 위한 커뮤니케이션 능력도 뛰어나야한다. 그리고 기업 환경이 글로벌화됨에 따라 외국어 능력은 기본적으로 요구된다.

커뮤니케이션, 마케팅, 광고, 마케팅커뮤니케이션 전공으로 학사 및 석사 수준의 지식이 필요하며 , 여기에 기업 경영에 필요한 경제학, 경영학, 산업 및 기술, 미래학, 심리학 등을 전공하는 것이 유리하다.

---

1) 빅데이터란 디지털 환경에서 생성되는 데이터로 그 규모가 방대하고, 생성 주기도 짧고, 형태도 수치 데이터뿐 아니라 문자와 영상 데이터를 포함하는 대규모 데이터를 말한다.

　　　　　　　　　　　　－ 네이버. "빅데이터", http://terms.naver.com (2017.04.10.) －

외국어 능력

경제학 경영학

미래학 심리학

빅데이터 분석

〈출처 : 네이버 이미지〉

기업프로파일러가 되려면 논리적이고 분석적으로 사고 할 수 있어야 하고, 다양한 정보에 관심이 많아야 한다. 특히 배경지식이 풍부하면서 인간의 행동을 맥락적으로 잘 이해할 수 있어야 한다. 사람에 대한 이해가 풍부한 사람이 적합하다는 면에서 심리학적 이해도 중요하다. 또한 협상을 잘 수행하기 위한 전략적인 사고력도 필요하다. 여기에 실제로 직접 빅데이터를 분석하는 경우가 많으므로, 빅데이터에 대한 이해는 기본이고 분석에 필요한 통계기법 활용에 능숙해야 한다.

즉, 고등교육과정과 더불어 열거한 과목들을 이수해야하며, 여기에 전공을 무엇으로 정하느냐에 따라 특정 분야에 최적화된 '기업프로파일러로' 성장할 수 있다. 학사 이상의 교육과정을 토대로 다양한 실무 경험을 쌓아가는 경우와 학사와 석사의 순서가 아닌 실무 중심의 경험을 토대로 차후에 학문적인 공부를 통해 해당 영역을 공부하여도 '기업프로파일러'가 될 수 있다.

이렇게 살펴보면 '기업프로파일러'라는 직업은 미래에 유망 직종이면서도 매력적인 직업인데 반해, 우리가 준비해야할 것이 추상적이거나 너무 많아 어렵게 느껴질 수도 있다. 이를 위해 한 가지 정리를 해보도록 하자. 먼저, '기업프로파일러'는 사회 현상 전반적인 부분을 총체적으로 바라볼 수 있는 안목을 토대로 각각의 현상들을 미시적으로 섬세하게 관찰 및 이해하여 그 안에서 일어나는 인간의 상호작용의 매커니즘을 분석할 수 있어야 한다.

〈출처 : 네이버 이미지〉

이를 위해 기업프로파일러의 기본적인 학문인 심리학을 기반으로 인간의 상호작용, 즉 커뮤니케이션 능력을 함양하는 것이 중요하다. 인간과 소통하고 더 나아가 기업과 소통을 해야 하기 때문이다. 여기에 사회의 경제적인 현상과 사회·문화적인 현상을 토대로 이를 분석하기 위해서는 사회학과 경영학, 경제학은 물론 통계학이 바탕인 빅데이터 분석학을 공부하는 것이 필요하다. 또한 이는 국내 서적 등을 통해서는 한계가 있기에 다양한 외국의 사례와 서적을 접해야하므로 외국어 능력은 당연히 요구된다.

사회는 계속 변화하고 있다. 서두에서 이야기한 것처럼 우리가 살고 있는 지금의 현재는 4차 산업혁명의 영향으로 인공지능 등의 기술의 발달로 편리해지고 있다. 우리는 이 과정에서 인간의 주체성을 지켜나가며 인간만이 할 수 있는 고유한 분야에 대한 확신과 중심을 잃지 않아야 한다.

'기업프로파일러'는 이런 면에 있어서 빅데이터를 분석하고 통계 프로그램을 활용하고 외국 서적을 해석해주는 기술적 도움 이상의 능력이 필요한 직업이다. 이를 바라보는 안목을 갖추고 다양한 정보를 활용할 수 있는 일이다. 그렇기에 이 직업에 흥미가 있는 학생이라면, 바로 지금부터 자신의 주변 하나하나의 상황과 작은 현상에도 호기심과 탐구 정신을 가지고 차근차근 기업 프로파일러가 되기 위한 준비를 해나가는 것을 추천한다.

흥미와 적성

'기업프로파일러'라는 직업은 매력적이며 다양한 분야를 공부한 바탕 위에 그 분야의 전문성 갖춘 사람만이 가능하다. 하지만 실제로는 이성적 사고만을 중심으로 사건이나 사안을 분석하고 결과를 예측하는 사람이 아니라 인간에 대한 관심과 이해력을 기본기로 가진 사람이 적합하다. 기업의 과거를 파일링하여 분석하고 이를 통해 현재를 진단하고 미래를 예측하는 활동은 개인 혼자서는 불가능하기 때문이다.

특정 기업이 생겨났다가 사라지거나, 기존의 이미지를 벗고 새로운 이미지로 승부수를 띄울 수 있는 것은 그 기업의 구성원인 인간에 대한 이해를 바탕으로 이루어져야하기 때문이다. 따라서 '기업프로파일러'는 인간에 대한 이해인 심리학을 바탕으로 사회학 분야에도 흥미를 가지고 있으면 적합하다. 평소 친구들의 고민을 잘 상담해준다거나 친구들을 관찰하며 그들의 행동에 대한 이해와 분석을 할 수 있는 청소년이라면 가능하다. 개인적인 행동에 대한 이해력과 학교 내에서의 개인과 개인 사이, 개인과 집단 사이, 집단과 집단 사이의 관계와 행동까지 바라 볼 수 있는 안목을 갖춰나가는 청소년이라면 적합하다.

인간 개개인에 대한 이해와 사회에 대한 이해를 토대로 늘 지적 호기심으로 충만하다면 도전해볼 수 있다. 자신의 흥미와 적성을 살려서 개인의 만족을 최고로 끌어올리며 조직의 이윤도 추구할 수 있는 경영학적 마인드도 기르도록 한다. 이 모든 과정에는 사람과의 원활한 커뮤니케이션 능력을 바탕으로 이루어져야한다. 기본적으로 사람과 소통하는 것을 좋아하며 또한 주어진 현상을 분석하고 고민해보는 것과 동시에 새로운 현상에 대해서도 끊임없는 도전 정신과 탐구심을 갖춘 사람이 적합하다.

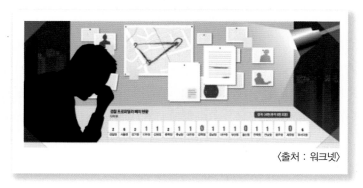

〈출처 : 워크넷〉

외국어를 좋아한다면 어떨까? 금상첨화다. 아직 '기업프로파일러'라는 직업은 한국에서는 성장 초기의 단계이다. 기존의 사례들과 다른 나라의 경향을 파악하기 위해서는 다양한 외국어 실력을 겸비하는 것이 필요하다. 외국어에 대한 두려움 없이 노력할 수 있는 사람이면 충분하다. 또한 회의가 많은 직업이므로 모국어 뿐만 아니라 다양한 언어로도 자신의 의견을 표현할 수 있다면 효과적이다.

기술적인 과정으로 기초 학문인 통계학에 대한 흥미가 있어야한다. 통계학은 수학을 기초로 한 학문이며 수학에 대한 지적 호기심을 토대로 기존의 통계학만으로는 분석이 어려운 규모가 방대해진 데이터를 처리하는 빅데이터 분석학에도 관심을 갖으면 한다. 이는 앞으로 더욱 빠르게 변화하는 사회 안에서 빅데이터 이상의 새로운 사회의 변화에 대해 주체성을 가지고 능동적으로 분석하고 판단하여 행동할 수 있는 사람이라면 누구라도 시작해 볼 수 있는 직업이다.

또한 새로운 트랜드와 변화에 대해 민감한 사람이 적합하다. 평소 마케팅이나 브랜드에 대한 관심을 토대로 다양한 분야의 호기심을 가지고 성찰적으로 연구하는 자세가 필요하다.

그리고 무엇보다 가장 중요한 것은 건강한 마음과 신체이다. 여기에 인간에 대한 관심을 바탕으로 변화에 민감하여 현상을 다양한 안목에서 바라볼 수 있어야한다. 그리고 이를 자신이 구축한

〈출처 : 네이버 이미지〉

심리학, 사회학, 경영학, 경제학, 미래학, 빅데이터분석학, 마케팅, 커뮤니케이션 능력을 토대로 냉정하게 판단하여 자신 있게 미래를 예측하는 전략을 제시할 수 있어야한다. 단순히 분석적 사고만이 아니라 **야성적 충동(animal spirits)**[2]에 의해 과감하게 판단하고 진행할 수 있는 결단력이 필요하다.

---

2) 경제사상가 존 케인스가 [고용, 이자 및 화폐에 관한 일반이론](1936)에서 인간의 비경제적 본성을 가리키는 개념으로 처음 사용한 용어이다. '심리적 요인'을 이야기하며 자신감의 상승효과, 공정성, 부패와 악의, 화폐착각, 이야기의 5가지 인간의 불안정적 요소로 이루어진 경제 용어이다.
 – 위키백과. "야성적충동"https://ko.wikipedia.org/wiki/야성적충동(2017.04.13.)

　'기업프로파일러'는 대체로 기존의 기획, 전략, 마케팅 관련 사무원이나 전문가에서 분화된 직업이기에 기업체 내 전략기획 분야에 근무하거나 경영지원 서비스 분야, 창업 및 비즈니스 정보 설계, 커뮤니케이션 에이전시, 기업프로파일링 업무를 수행하는 기업컨설팅 업체 등의 분야로 진출할 수 있다.

　먼저 국내 현황으로는 기업체 내 새로운 직업으로 등장할 가능성이 높은 직업이지만 현재 구체적인 직무 형태로 도입한 경우는 소수이다. 현재는 일부 경영컨설팅 업체에서 기업프로파일링 작업을 수행하고 있다고 할 수 있다. 아직까지 기업체 내 기획부문에서는 기존의 기획 방식을 활용하고 있고, 기업 프로파일링 기법을 도입하는 경우에도 기존 방식과 접목하여 직무에 활용하기 때문에 국내에서도 온전히 세분화된 직업이라고 보기는 어렵다. 다만, 최근 빅데이터 분석에 대한 관심이 고조되면서 기업 내부 데이터를 경영에 활용하려는 움직임이 활발히 일고 있다.

　한편, 전문 컨설팅업체 등의 경우는 '기업프로파일링' 직무만을 전문적으로 수행하는 컨설턴트가 등장할 가능성이 높기 때문에 정식 직업도 전문 경영컨설팅업체 중심으로 나타날 것으로 예상된다. 최근에는 기업프로파일링과 관련한 전문 교육기관이 생기고 있다. 이들 교육기관에서는 주로 '정보프로파일링과정'으로 커리큘럼을 개설하고 있으며, 수강하는 사람들 또한 기업의 기획실 혹은 경영전략팀 등의 부서에 종사하면서 내부 기업정보에 대한 분석업무를 수행하는 경우가 많다. 이외에도 창업과 관련된 사항을 조사하고자 하는 사람, 비즈니스 정보 설계, 조사, 분석의 과정을 배우고자 하는 사람, 기업프로파일러의 역량을 갖추고자 하는 사람 등의 다양한 사람들이 수강하고 있다.

해외 현황으로는 경영, 기획, 전략 분야에 새로운 직무로 등장하여 그 자리를 확대해가고 있다. 한국보다 더욱 활발하게 빅데이터를 활용[3]하기에 곧 급부상하는 유망한 직업이 될 것으로 예측한다.

특히, 외국에서는 한국보다 빅데이터 분석이 활발해지면서 주목을 받고 있다. 기업프로파일러는 기획 부문의 직무에서 파생되었다고 할 수 있기 때문에 마케팅이나 커뮤니케이션 분야를 전공하거나 경영관련 교육을 받은 인력이 해당 업무를 수행한다.

최근 빅데이터에 대한 수요가 늘어가고 있다. 기업이 빠르게 흥망성쇠하는 과정에서 기존의 자료를 활용한 분석틀을 가지고는 살아남기 어려워졌다. 이를 해결하기 위해 보다 다양한 능력을 갖춘 인재가 필요한 시점이다. 개인정보보호법에 대한 논란의 여지는 있지만 활용가능한 정보가 기하급수적으로 늘어난다면 기업은 어떻게 달라질 것인가? 빠르게 변화하며 정보가 방대해지는 현대사회에서 우리는 어떠한 가치관과 모습으로 살아갈 것인지, 기업이 자생력을 갖추고 성장하기 위해서는 앞으로 이 분야에 대한 전문적 지식을 갖춘 '기업프로파일러'의 역할이 상당히 중요시 될 것이다. 따라서 여러분은 아직 현황이 뚜렷하지 않다고 물러서지 말고, 다가올 미래를 위해 도전해보기에 충분한 가치가 있는 직업이다.

---

3) 한국의 개인정보보호법은 미국이나 EU대비 광범위한 부분의 정보를 개인정보로 정의하여서 이를 기업이나 개인이 활용하는데 한계가 있다.
   – "개인정보보호법 6조". http://www.law.go.kr–

03 진로독서 함께해요

첫 번째 독서 활동

도서	빌게이츠	도서정보	빌게이츠 / 청림출판 / 2013년
교육과정 핵심역량	자기관리 역량, 의사소통 역량, 공동체 역량, 기업경영 역량	직업군	기업가, 컴퓨터전문가

컴퓨터에 대한 열정과 도전 정신으로 세계를 평정하다.

480억 달러의 재산을 보유한 세계 최고의 갑부, 세계에서 가장 존경받는 리더, 디지털 제국의 제왕, 컴퓨터 천재, IT 혁명의 기수. 바로 빌 게이츠를 따라다니는 수식어들이다. 이 책은 마이크로소프트사의 사업가로 유명한 빌게이츠의 전기이다. 우리에게 이미 친숙한 컴퓨터 프로그램의 초기 사업가로 유명한 빌게이츠라는 사람의 일생에 대해 재조명한다. 이 글을 통해 독서광이었던 빌게이츠의 생각을 이해할 수 있다.

새로운 시대의 경제 패러다임을 바꿔 놓을 인터넷 혁명을 화두로 '생각의 속도로 움직이는 비즈니스'에 대해 쉽고도 명쾌하게 이야기하고 있다. 컴퓨터업계를 비롯하여 제조업, 서비스업, 의료업계 등 산업계에서 21세기 디지털 정보화 시대를 준비하는 선두 기업들의 현재를 기술하고 디지털 혁명이 교육계와 정부, 군(軍)에 미친 영향과 정보의 올바른 활용방안에 대해 설명하였다. 또한 인터넷 주소 표기에 쓰는 @를 제목에 넣어 인터넷 확산으로 일어날 디지털 기술문명 시대의 혁명적 변화들을 조망한다. 정보화 사회의 변화 양상과 그로 인해 경제·사회적인 측면을 살펴보며, 비즈니스의 미래와 방법론적인 기술을 함께 가르쳐주는 독특한 형태의 미래서이다.

　　우리는 빌게이츠를 통해 끊임없는 호기심과 탐구정신, 그리고 이를 컴퓨터 업계를 비롯한 연구를 통해 사회에 공헌하는 과정을 살펴보며, 기업프로파일러의 면모인 지적 호기심, 인간에 대한 관심, 심리학, 탐구력을 바탕으로 특정 상황에 대한 결단력과 함께 삶의 본질에 대해 끊임없이 정진하며 연구하는 모습이 우리에게 큰 시사점을 줄 것이다.

교육과정 연계 독서 활동

가. 의사소통 역량

📢 빌게이츠는 자신이 어떠한 일을 하고자 할 때, 확신을 가지고 임했을
까요?

네, 우리는 실수를 했고 실수했다는 것을 알고 있어요. 하지만 우리는 그것
에서 배웠고 우리의 많은 업적은 바로 그 결과입니다.

📢 평상시 빌게이츠는 삶과 진로에 대한 성찰을 주로 어떠한 방법으로 했
나요? 그리고 그 방법에 대해 조금 더 자세히 설명해 줄 수 있을까요?

집 앞 공공도서관에서 독서를 통해 더 많은 세상을 배워나갔다.

📢 빌게이츠가 가장 좋아하던 취미활동은 무엇이었을까요? 그리고 그것과
관련된 명언들을 몇가지 찾아봅시다.

독서의 중요함을 알려주는 명언들

좋은 책을 읽는 것은 과거의 가장 뛰어난 사람들과 대화를 나누는 것과
같다. (르네 · 데카르트)

하루라도 책을 읽지 않으면 입 안에 가시가 돋친다.

(안중근 - 독립운동가)

누구에게나 정신에 하나의 큰 획을 그어주는 책이 있다.

(파브르- 생물학자)

나. 의사소통 역량

📢 기업프로파일러는 방대하고 무분별한 정보들을 자신만의 분석 기준에
의해 관리 및 분석합니다. 그리고 그 정보들을 토대로 기업의 미래를 예
측하여 관계된 사람들과 회의를 하지요. 이 과정에서 기업프로파일러에
게 요구되는 태도와 역량은 무엇이 있을까요?

빅데이터 분석력을 갖추고 많은 사람들과 회의를 하기 위해서는 관용과 상대주의를 바탕으로한 의사소통 능력과 커뮤니케이션 능력이 필요하다.

국내 기업관계자들뿐만 아니라 범세계적인 기업의 프로파일링 업무를 맡게되었습니다. 다양한 국적을 가진 사람들이 모여서 함께 회의를 하고 있습니다. 이 상황에서 기업프로파일러에게 더욱 요구되는 자세는 어떤 것이 있으며, 왜 그러한 자세가 필요할까요?

외국어 능력과 의사소통 능력이 필요하며 특히 문화의 다양성을 이해하는 태도가 중요하다.

📣 각 기업마다 소속되어 있는 국가에 따라 기업의 전략이나 방향이 다릅니다. 우리 나라에 속해 있는 식문화 대표 기업의 경우를 예를 들어본다면 다양한 요구 중에서 어떠한 역량을 강화하는 것이 좋을까요?

음식 : 한국의 불고기와 김치를 특성화한 글로벌 푸드 체인점을 만드는 것

📣 정보사회를 넘어서는 사회가 현재 있습니다. 우리가 수많은 정보들을 선택하여 활용할 때 특히 기본 원칙이 되는 가치관과 주의해야할 점이 있을까요?

정보의 출처 밝히기
비합법적인 방법으로 정보 이용 안하기
국가마다 정보활용의 가이드라인 지키기

📢 개인의 행복과 사회의 안정이 충돌되는 사례가 있습니다. 우리는 이와
　　같은 상황에서 어떠한 선택을 하는 것이 현명할까요? 그리고 그러한 선
　　택을 하게된 기준은 무엇일까요?

> 개인의 행복과 사회의 안정의 절충
>
> : 개인과 사회, 누구도 희생하는 것은 바람직하지 않다고 생각한다.

📢 빌게이츠는 자신이 사업을 통해 이룬 부를 사회에 환원하고 있습니다. 이
　　에 대해 여러분은 어떠한 생각을 가지고 있는지 자세히 이야기해줄래요?

> 빌게이츠에 대한 존경심이 생겼다. 부를 환원한다는거 자체는 생각보
> 다 많은 것들을 포기하는데, 빌게이츠는 포기하는 개인적 가치보다 사회
> 전체의 만족을 극대화하기 위해 훌륭한 선택을 하였다.

3단계별 이야기식 진로독서 활동

가. 배경지식으로 찾아보기

🔊 우리는 자주 컴퓨터를 사용합니다. 지금의 컴퓨터는 몇 세대 컴퓨터일까요?

인텔 CPU 기준으로 하여 7세대 CPU인 카비레이크까지 출시되었다. 올해 후반기에 8세대가 등장할 것이다.(2017년 상반기 기준)

🔊 지금의 사회에서는 4차 산업 혁명의 영향으로 통계학에서 더 발전된 빅데이터 분석학이라는 학문이 각광을 받고 있습니다. 구체적으로 빅데이터란 무엇이며, 이를 분석하여 활용한 사례에 대해 한 가지만 써보세요.

빅데이터란 디지털 환경에서 생성되는 데이터로 그 규모가 방대하고, 생성 주기도 짧고, 형태도 수치 데이터뿐 아니라 문자와 영상 데이터를 포함하는 대규모 데이터를 말한다. 예를 들면, 빅데이터분석가, 인공지능을 이용한 의료 수술 등이 있다.

🔊 빌게이츠의 이야기에서 어떠한 점이 가장 좋았는지, 그 부분을 읽을 때의 느낌을 그림으로 표현해 볼까요?

📢 이 책에 등장하는 여러 인물은 다양한 직업을 가지고 있습니다. 등장인물들 중에 빌과 폴 앨런, 그리고 그의 아내 멜린다게이츠의 직업에 대해 간략하게 서술해봅시다.

빌 : CEO

폴 앨런 : CEO

멜린다게이츠 : 자선사업협회장

📢 책 속에서 주인공이 컴퓨터의 소프트웨어를 개발하여 정보사회의 시초를 마련했다고 볼 수 있는 이유는 무엇일까요?

인간이 활용할 수 있는 컴퓨터의 프로그램의 창시자이기 때문이다.

📢 이 글 속에서 빌게이츠와 멜린다 게이츠는 어떤 관계이며, 이들이 사회를 위해 어떠한 일을 선택하나요?

둘은 부부관계이다. 이들은 마이크로소프트사를 통해 벌어들인 수익의 일부를 사회에 환원하는 자선단체를 만드는데 동의하여 부를 사회에 기부하는 일을 선택하였다.

📢 기업프로파일러와 비슷한 미래 사회의 직업은 매우 다양합니다. 빅데이
터를 활용한 업무들과 그 분야의 직업에 대해 조사해 봅시다.

소셜 네트워크 분석가

빅데이터분석가

사물인터넷 전문가

인공지능로봇 전문가

드론전문가 등

📢 기업프로파일러와 비슷한 현재의 기업컨설팅분야와 빅데이터분석 분야
에 종사하시는 분을 찾아가서 인터뷰를 하고자합니다. 인터뷰 전에 설
문 문항을 4가지만 만들어 볼까요?

Q 1. 이 분야를 전공하기 위한 결심에 가장 큰 계기는 무엇이었나요?

Q 2. 컨설팅 분야의 가장 어려운 점은 어떤 것이 있을까요?

Q 3. 빅데이터를 분석하기 위해서 선행학습해야하는 교과에 대해 궁
금해요.

Q 4. 앞으로의 활용 가능한 분야는 어느 곳이 있을까요?

진로독서 토론

📢 토론 주제 : 빌게이츠의 컴퓨터 관련 소프트 산업의 발전을 살펴보았습니다. 그렇다면 현대 우리 사회의 빅데이터 분석시 활용가능한 개인정보는 어느 정도까지 선을 정해야 할까요? (개인의 익명성 보장과 개인정보 보호라는 측면에서 자유롭게 의견을 나누어 보아요.)

찬성

자료의 익명성이 보장된다면 모든 개인정보를 활용하도록 하는 것이 효과적이다.

반대

자료의 익명성이 보장된다고 하더라도 실제로 개인의 정보들이 공개될 수 밖에 없는 현실이다. 그렇기에 개인 정보는 최소한으로 활용되어야한다.

진로독서 논술

📢 빌게이츠가 가장 행복해 했던 명언 중에 '공공도서관이 내 인생의 가장 큰 스승이자 즐거움이다.'라는 것이 있습니다. 가장 최근에 자신이 읽었던 책을 떠올려봅시다. 그리고 그 책의 주제는 무엇이었고, 그 책에서 다루고 싶었던 시사점에 대해서 자신의 생각을 한 편의 짧은 그림이나 글로 완성해보세요.

📢 기업프로파일러와 관련하여 마인드맵을 그려볼까요? 우리 머릿 속에 떠오르는 단어와 느낌들을 아래에 자유롭게 작성해봅시다.

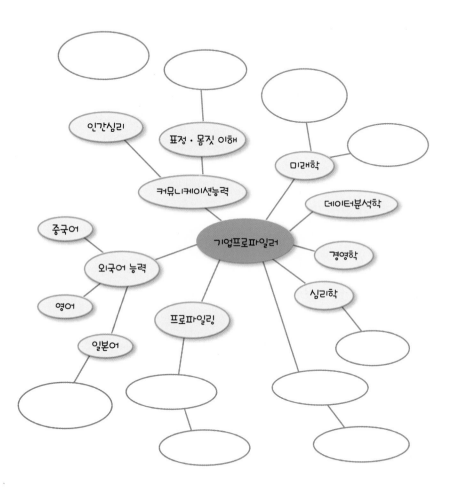

도서	지킬박사와 하이드	도서정보	로버트 루이스 스티븐슨 / 인디고/ 2016년
교육과정 핵심역량	자기관리 역량, 지식정보 처리 역량, 의사소통 역량	직업군	인간의 심리 본성 / 심리전문가

이 책은 인간의 이중성을 다룬 작품들 중에 대표작으로 꼽히는 로비트 루이스 스티븐슨의 이야기이다. 이 소설은 선행을 베푸는 지킬 박사와 악한 본성으로만 똘똘 뭉친 하이드를 한 사람으로 설정하여 인간의 본성을 빛과 어둠에 빗대어 설명한다.

박사인 지킬이 인간의 두 가지 본능인 선과 악을 분리시킴으로써 인간은 자유로워질 수 있을 것이라 생각하고 화학약품을 이용하여 실험에 착수한 결과 하이드로 변신하며 겪게 되는 이야기를 다루었다. 이 소설은 우리에게 인간의 다양한 면에 대해 생각해 볼수 있는 계기가 될 것이다. 그리고 기업프로파일러는 단순히 하나의 영역만을 이해하는 관점보다는 다양한 상황들을 분석하고 통찰하는 인간 본질에 대한 이해를 수반으로 주어진 빅데이터를 어떠한 윤리관에 의해 분석하고 활용하는지를 총체적으로 살펴보는데 의미가 있다. 지킬 박사의 과학과 현대사회의 제4차 산업혁명과 과학 기술의 발전 방향을 관련지어 생각해보며 앞으로 우리가 살아갈 미래사회의 모습을 그려볼 수 있을 것이다.

교육과정 연계 독서활동

가. 자기관리 역량

📢 미래 사회의 직업 중 빅데이터 관련 분야는 다양한 자료들을 처리하는 능력을 바탕으로 인문학적인 소양도 필요합니다. 여러분의 성향은 미래 사회의 이러한 융복합적 분야에 관심이 많습니까?

> 네, 저는 개인적으로 많이 있습니다.
> 혹은 아직은 조금 부족하지만 관심은 많습니다.

📢 앞으로의 미래는 최첨단의 과학 기술이 발달할 것입니다. 알파고를 비롯한 왓슨의 인공지능 로봇이 직접 인간을 수술하는 단계에 도래하였습니다. 만약 여러분이라면 인공지능시대에 인간만이 유일하게 가질 수 있는 장점은 무엇이라고 생각하나요?

> 인간만이 감정을 가지고 있고 모든 판단에 있어서 모든 인간이 동일하게 결론을 내리지는 않는 자율성과 독립성이 있다.

📢 우리는 계획을 세워 규칙적으로 생활하나요?

> 대체로 그런 편입니다.

📢 실제로 다양한 데이터들을 처리하다보면 미처 예기치 못한 상황이 발생하게 되는 경우가 있습니다. 방대한 자료들을 보다 효과적으로 분류, 관리하여 이러한 상황을 해결할 수 있는 기준이나 방법에는 어떤 것이 있을까요?

자신만의 기준을 설정한다.

객관적인 자료와 주관적인 자료를 구분하거나

날짜별 주제별로 자료를 구분하는 것을 습관화한다.

그리고 문제가 발생할 경우 이에 대한 우선 순위를 정하여 그 가치가 큰 것을 먼저 처리하도록 한다.

📢 인공지능의 출현으로 미래에는 수많은 직업들이 사라지거나 생겨날 것으로 예측됩니다. 우리가 알고 있는 직업들 중에 사라질 직업과 앞으로 떠오르게 되는 직업을 각각 3가지씩 이야기해볼까요?

사라질 직업 : 교사, 변호가, 우체부 등

떠오를 직업 : 드론 전문가, 빅데이터분석가, 기업프로파일러 등

📢 실제로 우리는 생각이 다른 사람들을 자주 만나면서 그들과 함께 세상을 살아갑니다. 어떠한 사안에 대해 서로 의견이 다를 경우, 이를 지혜롭게 해결하기 위한 방법에는 어떠한 것이 있을까요?

> 먼저 양보해주는 모습이 가장 좋다. 그리고 서로의 생각에 대해 자유롭게 존중하며 이야기를 나눈뒤 합의점을 찾아나가는 과정을 연습해야한다.

📢 인간의 본성에 대해서는 여러 가지 입장이 있습니다. 이 소설에서는 지킬 박사와 하이드가 각각 인간의 어떠한 면을 부각시켜서 만들어진 주인공인지 그림으로 간단하게 표현해볼까요?

3단계별 이야기식 진로독서 활동

📢 인간의 본성에 대해 설명한 철학자들이 있습니다. 인간의 본성을 선과 악 두가지 뿐만 아니라 또 다른 관점에서도 설명합니다. 이를 바라보는 세 가지의 관점과 철학자는 각각 누구일까요?

로크 : 성무선악설(백지설)

홉스 : 성악설

루소: 성선설

📢 이 소설의 배경이 되는 시대는 지금과는 대조적인 산업 혁명 초기입니다. 특징 및 사회 분위기와 현재 우리가 살고 있는 사회의 특징과 분위기를 구분하여 설명해볼까요?

당시는 소품종 대량생산이 가능해진 초기의 기계 활용 시스템이 운영되던 시대였고, 현대는 다품종 소량생산에서 더 넘어가 지식과 정보가 부가가치의 원천이 되는 정보사회이다.

📢 기업프로파일러의 자질 중 이 책을 통해 함양시키기 위한 것은 무엇일까요?

사회 전체의 구성원을 위한 제대로된 윤리의식을 갖추는 것이 필요하다. 인간에 대한 깊이 있는 통찰을 가능하게 한다.

📢 기업프로파일러는 동물적 직감도 뛰어나야 합니다. 이 책에서 지킬 박사의 동물적 직감을 엿볼 수 있었던 부분은 어디일까요?

자신의 호기심으로 화학 약품을 이용하여 하이드로 변신하는데 성공하였으나 더 이상 자신이 하이드를 통제할 수 없다고 느끼는 부분에서 사람들의 도움을 요청한다.

📢 기업프로파일러와 지킬 박사를 비교해 본다면 둘 사이에는 어떠한 역량을 공통적으로 찾을 수 있을까요?

끊임없는 학문적 호기심과 탐구력

📢 이 이야기에 등장하는 지킬박사와 그 이외의 직업들에 대해 간략하게 이야기해볼까요?

지킬박사 : 의사

지킬의 충직한 친구인 가브리엘 존 : 변호사

리처드앤필드 : 성직자

미스터 풀 : 지킬의 집사

〈출처 : 네이버블로그〉

기업 프로파일러가 되는 방법은 다양합니다. 책의 서두에 설명한 것처럼 다양한 분야에 대한 관심을 토대로 연구를 지속적으로 한다는 전제하에 기업프로파일러로서 활동을 할 수 있습니다. 2가지로 구분하여 기업프로파일러가 될 수 있는 방법에 대해서 이야기해 볼까요?

- 정규 교육과정을 모두 이수하고 실무적인 경험을 토대로 하여 가능하다.
- 기본적인 교육과정을 이수하고 실전에 도입되어 현장에서 실무를 익힌 뒤 자신의 부족한 분야를 더 공부하고 차후에 기업프로파일러로서 가능하다.

인간의 이중성에 대해 선행을 베푸는 지킬 박사와 악한 본성을 가진 하이드가 한 사람이라는 설정을 생각해봅시다. 지킬 박사가 한 인간의 '빛'이라면 하이드는 '어둠'인 것입니다. 지킬박사는 자신과 정반대 성질을 지니고 무서운 범죄를 저지르는 하이드로 변신하는데 성공합니다. 또한 지킬박사는 정숙한 뮤리엘의 애인인 반면에 하이드는 단정하지 못한 피어슨의 추종자가 됩니다. 지킬 박사는 약품 사용을 계속하면서 불행하게도 자신이 더 이상 사악한 하이드를 통제할 수 없다는 사실을 깨닫습니다.

토론 주제 : 빛과 어둠이 대결하면 어느 쪽이 승리할까요? 인간은 내면의 선과 악이 끊임없이 싸워야만 하는 운명을 타고 났을까요?

찬성

빛이 승리한다.

(선이 악을 이긴다.)

반대

현실은 어둠이 승리한다.

(악이 선을 이기는 경우를 만나게 된다.)

🔊 실제로 기업의 프로파일링 작업을 진행하는 중에 문제가 생겼습니다. 기업의 과거 전략을 분석한 결과 커다란 허점이 있다는 것을 빅데이터 분석을 통해 찾았습니다. 그래서 이 문제를 해결하기 위한 전략을 제시하고자 합니다. 그러나 경영진의 생각이 기업프로파일러와 다르다는 것을 알게 되었습니다. 이 문제를 어떻게 해결할 것인지, 자신만의 해결 기준을 제시하여 한 편의 글로 작성해봅시다.

경영진의 생각과 자신의 생각을 잘 조화하여 해결 기준을 제시해야 한다는 것을 논점으로 작성하는 것이 중요함. 이 과정에서 경영진을 설득하거나 혹은 경영진의 이야기를 자신이 받아들이는 과정을 상세히 기술하도록 함.

📢 다음은 국내 기업프로파일러의 인터뷰 기사입니다. 이 기사를 읽고 함
께 생각해 봅시다.

> ### "미래 기업에 꼭 필요한 직업, 미리 도전 하세요"
> 한국뉴욕주립대 · 아시아미래인재연구소 소장 최윤식
>
> Q. 현재 어떤 일을 하고 계신가요?
>
> A. 저는 사회, 기술, 경제, 환경, 법 · 정치 제도, 종교 등 폭 넓은 분야의 미
> 래변화를 예측하는 일을 하고 있습니다. 현재 한국뉴욕주립대(SUNY
> Korea) 미래연구원장이면서 글로벌 미래예측과 미래인재 양성을 위해
> 2003년 설립 된 미래예측 및 연구 전문 민간기관 아시아미래인재연구
> 소(Asia Futures HR Institute)의 소장을 맡고 있습니다. 또한 정부기
> 관과 기업들에 미래사회 변화, 미래비즈니스 변화, 시나리오 경영, 미
> 래예측 프레임워크 설계, 미래모니터링 구축, 비즈니스 워게임 등에 관
> 한 활발한 자문과 컨설팅을 하고 있습니다. 이런 활동들은 기업프로파
> 일러가 하는 기업행동의 미래예측과 유사한 면이 있습니다.
>
> Q. 미래예측 분야에 관심을 갖게 된 이유가 있으신가요?
>
> A. '미래학' 이라는 학문에 지속적인 관심이 있었습니다. 한국에서 대학원
> 을 졸업하고 서른 살에 미국 휴스턴대 학원에서 미래학을 공부하게 됐
> 는데, 알고 보니 그곳은 미국에서 유일하게 미래학을 가르치는 학교였
> 습니다. 그런 연유로 휴스턴대 미래학부에서 한국인 처음으로 석사 학
> 위를 받았고, 피터 비숍과 크리스토퍼 존스, 웬디 슐츠 등 미래학의 대
> 부들로부터 가르침을 받았습니다. 그동안 다양한 방면에서 꾸준히 공
> 부해온 덕분에 제가 쓴 미래예측서 〈2030년 부의 미래지도〉는 한국뿐
> 아니라 일본 등 아시아 국가에서 반향을 일으켰고, 지금은 아시아와 한
> 국을 대표하는 미래학자로 활동하고 있습니다.

1) 기업프로파일가 하는 일과 미래 예측과의 공통점을 찾아볼까요?

정부기관과 기업들에 미래사회 변화, 미래비즈니스 변화, 시나리오 경영, 미래예측 프레임워크 설계, 미래모니터링 구축, 비즈니스 워게임 등에 관한 활발한 자문과 컨설팅을 하고 있습니다. 이런 활동들은 기업프로파일러가 하는 기업행동의 미래예측과 유사한 면이 있다.

2) 기업프로파일러가 되기 위해서 공부해야하는 학문에 대한 언급이 있습니다. 이 학문들에 대해 구체적인 내용을 자세히 설명해볼까요?

심리학, 사회학, 정치학, 경제학, 경영학, 통계학, 빅데이터분석학 등이 있다.

3) 기업의 미래를 예측하는 것은 다르게 해석하면 미래를 예측하는 것으로 이해될 수 있습니다. 기업프로파일링의 미래예측과 우리가 흔히 생각하는 예언과의 차이점은 무엇일까요?

많은 사람들이 미래를 예측하는 일을 미래를 예언하는 '예언자'와 혼동하는 경우가 있다. 미래학자와 예언자는 근본적으로 다르기에 빠르게 변하는 경영환경 등을 분석하려면 꾸준히 공부하는 자세가 필요하다.

미래학자는 미래를 'Future'로 쓰지 않고 복수인 'Futures'로 쓰는데, 이는 미래학자가 곧 도래할 다양한 미래의 시나리오를 동시에 연구하기 때문이다. 그런데 아직까지도 많은 사람들은 우리를 경제전문가, 자산전문가로 잘못 이해하고 있는 경우가 있다.

유사 직업 안내

빅데이터 전문가(Big Data Analyst)

빅데이터 분석가는 빅데이터 전문가로 '디지털 사이언티스트(Digital Scientist)' 혹은 '데이터 과학자'(Data Scientist)로 불리는 전문가이다. 기업이 가진 빅데이터를 저장, 처리, 분석하는 업무를 보는 전문가이다. 수많은 데이터 속에서 트렌드를 읽어내고 부가가치가 높은 결과물을 도출해내는 일을 담당한다. 대량의 빅데이터를 관리하고 분석하여 사람들의 행동패턴이나 시장 경제상

LG CNS의 빅데이터 담당 직원이 하드웨어와 소프트웨어를 결합한 일체형 빅데이터 분석 플랫폼(SBP 어플라이언스)을 점검하고 있다.

〈제공: LG CNS〉

황 등을 예측하기도 한다. 사물인터넷(IoT: Internet of Things)시대에 급부상하고 있는 전문 직군으로 주로 통계학, 컴퓨터공학 전공자들이 많다.

소셜미디어 전문가

'소셜 마케터'라고도 한다. 소셜 미디어 전문가, 소셜 마케터는 SNS가 주요 마케팅의 수단이 되면서 기업에서 운영하는 소셜 미디어 계정을 운영하는 사람들을 말한다. 기본적인 글쓰기 소양을 겸비해야하는 이 직업은 다방

면에 대한 폭넓은 관심, 타인과 의사소통 중시 등과 더불어 기본적인 프로그래밍 능력과 마케팅 능력도 필요하다.

로봇 전문가 (그 중 특히 군사로봇)

미래 전쟁과 천재지변이나 테러 등 위험한 사태에서 국민을 보호하기 위해 군사용 로봇을 개발할 전문가가 필요하다. 군사 로봇 전문가는 군사용 목적에 맞게 로봇을 기획, 설계하고 GPS, 열상 감지 분야, 나노 로봇

분야의 전문가로서 로봇의 기능을 프로
그래밍한다. 로봇 소재 개발자, 엔지니
어, 수리 전문가 등이 여기에 속한다.

군사 로봇 전문가가 되기 위해서는 제
어계측, 컴퓨터공학 등을 전공해야 하고
연구소에 따라서는 로봇공학 분야의 석
사 이상의 학력이 요구되기도 한다. 또
투철한 국가관과 애국심이 있어야 하며
탐구 정신과 호기심, 창의성과 문제 해결
을 위한 논리적 사고, 분석력, 정확한 판
단력이 요구된다.

〈이미지출처: 네이버 이미지〉

SNS 분석가

소셜 미디어 속 빅데이터를
분석해 가치를 찾아내는 직업
이다. 자칫 잘못하면 '소셜 마
케터'와 혼동할 수도 있다. 소
셜 미디어 전문가, 소셜 마케
터는 SNS가 주요 마케팅의
수단이 되면서 기업에서 운영
하는 소셜 미디어 계정을 운
영하는 사람들을 말한다. 기

〈이미지출처: 네이버 이미지〉

본적인 글쓰기 소양을 겸비해야하는 이 직업은 다방면에 대한 폭넓은 관심, 타인과 의사소통 중시 등과 더불어 기본적인 프로그래밍 능력과 마케팅 능력도 필요하다. 그렇다면 'SNS 분석가'는 무슨 직업인가? 바로 이런 '소셜 마케터'들에게 가치 있는 정보를 제공하는 직업이다. 소셜 마케터 뿐만 아니라 전반적인 기업과 기관들의 마케팅과 브랜딩을 위해 폭넓은 분석를 제공하는 직업이다.

인공지능전문가

TOPIC/corbis 〈이미지출처: 네이버 이미지〉

인공지능전문가는 인간의 뇌구조에 있는 지식을 바탕으로 컴퓨터 로봇이 인간과 같이 생각하고 결정을 내릴 수 있게 인공지능 프로그램을 구현하는 기술을 개발하는 직업이다. 전문가 시스템, 프로그래밍언어, 지식베이스시스템, 신경망 등 다양한 것들을 배워야하며 최근 인공지능에 대한 관심도가 높아지고 있으며 앞으로 더욱 유망해지는 분야이다.

- 한국직업능력개발원   krivet.re.kr
- 한국미래마케팅연구원   kimfff.org
- 한국산업마케팅연구원   kimikorea.com
- 한국경영연구원   kmics.com
- 국제e−비즈니스학회   geba.or.kr
- 한국인터넷정보학회   kiss.or.kr
- 아시아 미래인재연구소   afhi.org

5장

장

사회복지사

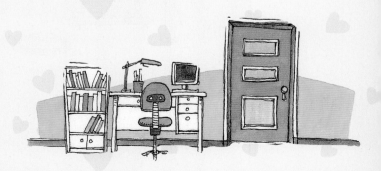

사회복지사란
사회복지학, 사회과학 등의 전문 지식을 이용하여
사회적으로 또는 개인적으로 어려움을 겪는 사람들과
보호를 받아야 하는 사람들에게, 그들에게 닥친 문제를
진단하고 해결해주며 사회에 잘 적응할 수 있도록 돕는
일을 하는 사람이다.

직업 노크하기

병뚜껑을 딸 수 없는 건 누구의 책임일까?

(출처 : 쉐어하우스)

과천장애인복지관의 이명희 사회복지사는 이런 이야기를 들려준다. 어떤 사람이 음료수를 마시려고 한다. 그런데 아무리 힘을 써도 병뚜껑이 열리지 않아 결국 옆에 있던 사람이 따 줘서야 음료수를 먹을 수 있었다. 이 사람은 왜 혼자서 음료수를 마실 수 없었을까? 즉 뚜껑을 딸 수 없는 어려움은 왜 생긴 것일까?

일반적으로 우리는 사회복지사를 숭고한 봉사직으로 보는 경향이 있다. 착한 일, 선한 일을 도맡아 일하는 사람이라 생각한다. 그러나 그렇게 정의하면 오히려 사회복지사의 설 자리는 없어진다. 우리 사회에 착한 일, 선한 일을 하는 이가 사회복지사밖에 없을까? 또 착한 일, 선한 일이 과연 어떤 일인지 정의하기도 쉽지 않다. 버스 운전기사는 그 일로 사회에 이바지하고, 청소부 역시 그가 맡은 일로 사회에 헌신한다. 이들의 일 또한 우리를 위한 착하고 선한 일이다.

물론 사회복지사가 어려운 사람을 돕는 것은 틀림없다. 하지만 다른 직업과는 돕는 '방법'이 다르다. 사회복지사는 나름의 철학과 그에 따른 실천 방법을 가지고 있다. 즉, 어려움에 처한 이를 '어떻게 돕는지'가 중요한 것이다. 그렇다면 사회복지사는 어떻게 어려운 이웃을 돕는 걸까?

사회복지사는 어떤 사람의 어려움이 그 사람의 잘못이나 실수, 혹은 능력 때문에 생겼다고만 생각하지 않는다. 앞서 이명희 사회복지사의 이야기에서 그 실마리를 찾을 수 있다.

그 사람에게 뚜껑을 열 힘이 부족하다고 생각하는 사람은 그의 힘을 키워 주는 데 관심을 갖는다. 문제가 그 사람 개인에게 있다고 여기니 어려움을 해결하기 위해 당사자를 돕는 것이다. 반면 어떤 이들은 문제가 음료수 회사에 있다고 본다. 남녀노소 누구나 뚜껑을 열기 쉽게 만들었다면 그 사람이 병 따는 걸 다른 사람에게 부탁하지 않았을 것이기 때문이다. 즉 문제가 그 사람이 속한 환경에 있다고 보고 그의 주변 환경을 약자가 살 만한 곳으로 바꾸는 일에 힘쓰게 된다.

사회복지사는 이 두 가지 관점 모두로 어려운 이웃을 돕는다. 당사자가 어려움을 이겨 내도록 직접 돕기도 하지만 그가 처한 환경, 즉 이웃과 같은 사회관계를 통해 문제를 해결하도록 돕기도 한다. 당사자가 속한 환경도 중요하게 여긴다는 말이다. 그래서 아픔을 함께 나눌 이웃을 주선하거나, 그의 부족함을 기꺼이 나서서 채워 줄 이를 소개하는 것이다.

(출처 : 사회복지사가 말하는 사회복지사. 김세진 외 21인. 부키. 2013)

그렇다 병뚜껑을 딸 수 없는 건 그 사람의 잘못이나 실수, 능력 때문만은 아니다. 우리 주위에는 자신의 문제로 인해 사회적 약자가 된 사람들도 있지만 다른 원인으로 인해 사회적 약자가 된 사람들도 많이 있다. 이들에게 문제의 원인을 찾아 주고 도와주며, 스스로 해결할 수 있는 힘을 길러주는 이가 바로 사회복지사이다.

이들을 통해 사회적 약자가 힘을 얻고 위로를 얻으며, 또 서로 도우며, 더불어 잘 살게 되는 사회가 되기를 꿈꿔 본다.

출처 : 한국사회복지협의회

사회복지사란 사회복지에 관한 전문지식과 기술을 가지고 사회사업에 종사하는 사람이다. 1970년대 사회복지사업종사자라는 이름으로 시작하였다. 1983년 5월 사회복지사업법이 개정되면서 사회사업가 또는 사회사업종사자의 명칭이 '사회복지사'로 규정되었으며 사회복지사 자격증이 발급되기 시작하였다. 「사회복지사업법」에 의하여 '사회복지에 관한 전문지식과 기술을 가진 자'를 사회복지사로 규정하고 있다.

사회가 발전함에 따라 현대인들은 복지 및 삶의 질 향상, 행복 추구 등 안정적이고 편안한 삶을 희망한다. 그러나 인구 고령화, 다문화가정 증가, 저출산, 청소년 문제, 장애인 문제 등 여러 가지 사회 문제로 인해 어려움을 겪는 사람들이 늘어나고 있다. 그들이 처한 상황과 문제를 파악하고, 처리하며, 해결하는데 필요한 방안을 찾는 이가 바로 사회복지사이다. 이들은 복지 서비스의 대상자를 선정하고 복지 조치, 생활지도 등의 일을 안내한다. 또 각종 사회복지 프로그램을 기획, 시행, 평가하며 사회복지정책 형성과정에 참여하여 정책분석과, 평가, 대안을 제시하는 일을 하기도 한다.

과거에 비해 사회복지 정책이 확대되고 있으며, 노인복지, 다문화가정 복지, 아동 및 보육복지 등 다양한 복지정책이 증가하고 있다. 사회복지사의 업무 영역도 과거 아동보육시설과 공공부문에서만 한정되었던 것이 최근에는 기업, 학교, 군대, 병원 등으로 활동영역이 확대되었다. 다양한 분야에서 사회복지에 대한 수요가 증가하고 있는 만큼 향후 사회 전반에서 사회복지사의 업무가 요구될 것으로 보인다.

사회복지사가 되려면

사회 복지사가 되기 위해서는 기본적으로 사회복지사 2급 자격증이 있어야 한다. 대학교에서 사회복지학 또는 사회사업학 등을 전공하는 것이 사회복지사가 되는 가장 일반적인 방법이다. 사회복지학과를 졸업하면 사회복지사 2급 자격증이 주어지며 1급 시험을 볼 수 있다. 이외에도 사회복지사 자격증을 딸 수 있는 방법은 다양하다.

사회복지사 2급 자격증은 그 과정만 진행하면 따로 시험을 볼 필요 없이 자격증을 발급받게 된다. 온라인 강의만으로도 취득이 가능하며 최종학력에 따라 취득방법이 달라지게 된다.

최종학력이 고졸일 경우, 총 27과목, 온라인 26과목(전공필수과목과 선택과목 포함)과 실습 1과목(120시간)을 이수하면 자격증을 받을 수 있다. 또 최종학력이 대졸(사회복지학과가 아닌 타학과 졸업)일 경우에는 온라인 강의만으로도 취득이 가능하지만 다시 사회복지학과로 편입을 하거나 대학원으로 진학을 하는 방법도 있다. 대학을 졸업한 사람이나 재학생은 총 14과목, 13과목(필수과목 9과목, 선택과목 4과목)과 실습 1과목(120시간)을 이수하면 자격증을 받을 수 있다.

사회복지사 1급 자격증은 국가공인자격증으로 국가시험을 치루고 합격해한다. 그런데 1급 시험에 응시하기 위해선 두 가지 자격조건이 있다. 2급 자격증이 있어야 하며, 기본적으로 사회복지사 2급 자격이 있다는 전제하에 4년제 학력이라면 시험응시가 바로 가능하고, 전문학사 학력이라면 1년의 실무경력을 쌓은 뒤 1급 시험에 응시할 수 있다.

– 사회복지 전공필수과목 : 사회복지개론, 사회복지법제, 사회복지실
　천기술론, 사회복지실천론, 사회복지정책론, 사회복지조사론, 사회복
　지행정론, 사회복지현장실습, 인간행동과 사회환경, 지역사회복지론

– 사회복지 선택과목 : 아동복지론, 청소년복지론, 노인복지론, 장애인
　복지론, 여성복지론, 가족복지론, 산업복지론, 의료사회사업론, 학교
　사회사업론, 정신건강론, 교정복지론, 사회보장론, 사회문제론, 자원
　봉사론, 정신보건사회복지론, 사회복지지도감독론, 사회복지자료분석
　론, 프로그램개발과 평가, 사회복지발달사, 사회복지윤리와 철학

02 누구에게 어울릴까

흥미와 적성

　사회복지사는 사람을 대하는 직업으로 무엇보다 원만한 대인관계를 유지시킬 수 있는 의사소통능력이 있어야 한다. 또한 어려움에 처한 이들의 상황과 문제를 파악하고, 해결하기위해서는 다른 사람의 욕구와 행동에 적절히 대응할 수 있는 문제해결능력과 다른 사람을 협상, 설득할 수 있는 능력이 있어야 한다.

　사회적인 약자, 어려움에 처한 이들의 이야기에 귀를 기울이고, 관심을 가져야 한다. 따라서 기본적으로 봉사 정신과 희생정신, 공감 능력, 관심과 경청, 긍정적인 마인드는 필수 요건이라 할 수 있다.

　또한 서류 작업이 많기 때문에 문서 작성 프로그램이나 데이터 활용 프로그램과 같은 컴퓨터 활용 기술 능력이 있어야 한다. 여기에 더해 다양한 사업을 기획해야 하기 때문에 넓은 시야와 기획력, 네트워킹 능력 등을 갖고 있으면 더욱 좋다. 무엇보다 그런 많은 업무와 만남 속에서 지치지 않고 일을 하기 위해서는 흔들리지 않는 자신만의 주관과 가치관, 비전, 체력 역시 중요한 요소라 할 수 있다.

　사회형과 탐구형의 흥미를 가진 사람에게 적합하며, 사회성, 정직성 등의 성격을 가진 사람에게 유리하다.

2016년 3월 말까지 우리나라 전체 사회복지사의 수, 즉 사회복지사 자격증을 가지고 있는 사람은 828,176명으로 그 수는 매년 증가하고 있는 것으로 보인다. 이렇게 사회복지사가 증가하는 데에는 이유가 있다. 사회복지사의 일자리가 매년 증가하기 때문이다. 이는 삶의 질이 향상되면서 사람들이 행복을 꿈꾸고 수준 높은 삶을 살고 싶은 욕구가 복지로 이어지기 때문이다.

조금 더 나은 삶을 살기 위해서는 사회적 문제부터 해결 되어야 한다. 학교폭력 등 청소년에 관련된 문제, 고령화가 진행됨에 따라 발생하는 노인 문제, 현대인의 정신적 스트레스로 인한 정신 건강 문제 등, 이와 관련된 분야의 기관이나 시설이 늘어날 것으로 전망 되고 있으며, 더불어 사회복지사의 수요가 확대될 것으로 보인다.

03 진로독서 함께해요

첫 번째 독서 활동

도서	너는 사람들을 도와주며 살고 싶니?	도서정보	박병현 / 비룡소 / 2016년
교육과정 핵심역량	의사소통 역량, 윤리적 성찰 및 실천성향, 도덕적 공동체 의식	직업군	사회복지사

『너는 사람들을 도와주며 살고 싶니?』는 복지에 대하여 이해하고 알기쉽게 설명하고 있다. 이 책은 총 3부로 구성되어 있는데 1부는 GDP가 증가해도 행복하지 않다는 점을 말하며 그 이유를 복지와 관련지어 이야기한다. 2부에서는 가난한 사람의 선한 이웃이며 미국 여성 최초로 노벨 평화상을 받은 제인 애덤스와 복지 국가의 디딤돌을 놓은 웨브 부부를 만나 본다. 마지막으로 3부에서는 사회 복지학에 대한 10가지 궁금증을 풀어 본다. 일반인이 잘 알지 못했던 복지의 종류, 복지 차원에서의 사회적 문제제점과 원인 등 새로운 사실에 대해 생각해 보게 하며 사회복지에 대한 꿈을 갖게 도와주는 책이다. 사회복지사를 꿈꾸는 청소년들에게 뿐만이 아니라 일반인도 즐겁고 쉽게 읽어 볼 수 있는 책이다.

교육과정 연계 독서 활동

가. 의사소통 역량

📢 내가 살고 있는 지역사회에는 어떤 복지단체들이 있나요?

> 의정부 종합사회복지 회관, 새터민을 위한 대안학교, 노인 복지회관 등이
> 있다.

📢 복지단체에서 내가 할 수 있는 일은 무엇이 있을까요? 실제로 그런 일들
을 해 본 친구들이 있나요? 이야기 해 봅시다.

> 자원봉사 (청소하기, 고아원 같은 곳에서 아이들과 놀아주기, 아이들에
> 게 공부 가르쳐 주기, 책 읽어 주기, 점심 식사 나눠주기, 직접 만든 빵
> 나눠 드리기 등)

📢 겨울이 되면, 자선냄비 단체를 볼 수 있습니다. 이 냄비에 기부를 해 본 적이 있나요? 기부를 했을 때, 어떤 마음이 들었나요? 기부를 하지 않았다면 그 이유는 무엇인가요?

> 기부했을 때 - 뿌듯했다. 기분이 좋았다. 자랑스러웠다.
>
> 기부하지 않았을 때 - 부끄럽다. 왠지 아깝다는 생각이 들었다. 등

📢 사회적으로나 경제적으로 어려운 사람들을 도와주어야 하는 이유는 무엇일까요?

> 모두가 더불어 잘 살기 위해서이다.
>
> 남을 도와주면 마음이 뿌듯해지고 편안해지기 때문이다.
>
> 내 것이라고 하는 것들은 내 것이 아니기 때문이다.

다. 도덕적 공동체 의식

📢 우리 지역의 발전을 위해 내가 할 수 있는 일은 무엇이 있을까요?

- 쓰레기를 함부로 버리지 않는다.
- 분리수거를 잘 한다.
- 주위에 불우한 이웃에게 관심을 갖고 자주 찾아 간다.
- 형편이 어려운 친구들을 찾아가 내가 배운 것을 가르쳐 준다.
- 내가 쓰지 않는 물건이나 다 읽은 책들을 나눠준다.

📢 최근 우리나라 평균 출산율이 1.24명, 전 세계 중 꼴찌에서 세 번째라고 합니다. 2021년쯤 되면 우리나라 사망자 수가 출생아 수를 앞설 것이라니, 정말 문제가 많지요? 왜 이렇게 아이를 낳지 않는 것일까요? 그 이유를 생각해보고, 해결방법을 생각해 봅시다.

아이를 낳아서 기르는데 많은 어려움이 따르기 때문이다. 우선 아이들을 키우는데 경제적인 부담감이 크고, 살기 힘든 세상을 대물림 해 주고 싶은 마음이 없기 때문이다. 또한 여성의 사회적 참여율이 높아지고 있는데 반해, 사회일과 육아를 병행할 수 있는 복지 차원의 혜택이 없기 때문에 한 가지 일을 포기하는 것이라 볼 수 있다. 이를 위해서는 사교육을 없애서 경제적 부담감을 줄이고, 출산전후의 여성에게 복지 혜택을 많이 주어야 한다고 생각한다. 아이를 잘 키울 수 있도록 복지혜택을 확대시켜야 한다.

3단계별 이야기식 진로독서 활동

가. 배경지식으로 찾아보기

📢 복지란 무엇일까요?

> 복지는 福(복 복)자에 祉(복지 지)의 한자를 사용한다. 즉, 복지는 좋은
> 건강, 윤택한 생활, 안락한 환경들이 어우러져 행복을 누릴 수 있는 상
> 태를 말하는 것이라 볼 수 있다.

📢 선진국과 후진국은 무엇을 의미하는 것일까요? 선진국과 후진국에는
어떤 나라들이 있는지 알아봅시다.

> ■ 선진국 : 다른 나라보다 정치·경제·문화 등의 발달이 앞선 나라 /
>   GDP가 높은 나라
> ■ 후진국 : 선진국에서 채택되고 있는 기술·지식 및 제도가 아직 충분
>   히 보급되지 않아서 산업의 근대화와 경제개발이 뒤지고 있
>   는 나라. 개발도상국이라고도 한다.
> 그러나 이렇게 이분법적으로 나누는 것은 기준도 모호하고 옳지 않다.

책에 보면 GDP가 높지만 행복하지 않은 나라들이 많이 있습니다. 왜
그럴까요? 우리나라의 GDP는 어느 수준인가요? 사람들의 행복지수
는 어떨까요? 어떻게 하면 우리나라를 복지국가로 만들 수 있을까요?

우리나라의 GDP는 세계 11위로 높다. 하지만 행복지수는 많이 낮다.
이런 이유는 복지에 문제가 있는 것이라 할 수 있다.
우리나라를 복지국가로 만들 수 있는 방법은 스웨덴이나 덴마크처럼 세
금을 많이 걷어야 한다. 또 선별적 복지가 아닌 보편적 복지를 실시하여
빈부격차를 없애야 한다.

산업 사회에서 빈곤과 직결되는 위험한 문제들을 사회적 위험이라고
합니다. 그렇다면 우리 사회에서 사회적 위험 요소는 어떤 것들이 있
을까요?

노령으로 인한 퇴직, 실업, 산업 재해, 장애 등이 있다.

책에 보면, 노벨 평화상을 수상한 제인 애덤스와 웨브 부부의 이야기가 나옵니다. 내가 알고 있는 사람들 중, 이렇게 남을 돕는 사람들이 있나요?

> 장기려 박사 : 바보 의사, 우리나라 의사로 평생을 아프고 불쌍한 사람들을 위해 의료를 펼친 의사
> 슈바이처 : 60여 년 동안 아프리카에서 병들고 가난한 이들을 돌본 의사
> 한비야 : 대한민국의 국제구호활동가이자 작가
> 최일도 목사 : 밥퍼 목사님. 노숙자와 빈민들에게 무료 급식을 실시하며 사회 봉사 단체를 설립
> 연예인(션과 정혜영 부부, 차인표와 신애라 부부, 배우 김혜자 등)

우리 주위에는 오히려 복지 혜택으로 인해 수치심을 느끼는 친구들이 있다고 합니다. 선별적 복지 때문이라고 하는데요, 어떻게 하면 이들이 마음을 다치지 않고 복지혜택을 누릴 수 있을까요?

> 사회 구성원을 많이 가진 자와 적게 가진 자로 분리시키는 것 자체에 문제가 있다. 이렇게 사회 복지 대상자를 선정하여 복지 혜택을 주는 선별적 복지는 좋지 않다. 모두에게 보편적 복지 정책을 실시하여 한다. 어려움을 덜어 주기 위해 그들을 도우면서 심적으로 더 큰 어려움을 주는 것은 옳지 못하다고 할 수 있다.

　　공적 연금의 재정을 운용하는 방식에는 적립 방식과 부과 방식이 있습니다. 적립 방식은 장래의 연금 지급을 위해 지금 납부된 보험료를 쌓아 놓는 것입니다. 내가 지금 낸 돈을 내가 나중에 받는 것입니다. 반면 부과 방식은 적립 방식과는 달리 저수지에 물을 모아 두지 않고 그해에 들어오는 보험료로 그해 지출되는 연금을 제공하는 방식입니다. 즉 내가 올해 낸 보험료로 노인들이 올해 연금을 받고, 내가 퇴직하여 받게 되는 연금은 그때 일하는 젊은 계층이 내는 보험료에서 나오는 방식입니다. 그런데 어떤 이들은 이 부과방식 연금제도를 '세대 간 도적질'이라고 비판한다고 합니다. 그렇다면 연금제도 방식에 대하여 다음과 같은 주제로 토론하여 볼까요?

🔊 토론 주제 : 미래를 위해 부과방식 연금제도를 시행해서는 안 된다.

부과 방식 연금 제도에 반대한다. 저출산, 고령화 시대로 접어드는 현재에 노인층에 비해 젊은 층의 인구비율은 상당히 낮다. 비율상 높은 노년층의 연금을 젊은 층이 충당하기에는 부족함이 많고 위험성도 많다. 이 때문에 '도적질'이라는 말도 나오는 것이다. 또한 부족한 연금으로 인해 삶의 질이 낮아질 수도 있다.

부과 방식 연금 제도에 찬성한다. 왜냐하면 현재 적립 방식을 하고 있는 우리나라를 볼 때 문제점이 많기 때문이다. 연금 제도를 부과 방식으로 한다면 일 년마다 정산하기 때문에 보험료가 어떻게 쓰였는지 투명하게 관리 될 수 있고, 그러면 국민들도 연금제도를 신뢰할 수 있다. 국민이 신뢰한다면 더 이상 문제 될 것이 없다고 생각한다.

🔊 여러분은 무상급식지원과 유상급식지원 중 어느 혜택을 받고 있나요? 무상급식과 유상급식에 대한 자신의 의견을 왕께 올리는 상소문의 형식으로 써 봅시다. 상소문이란 왕께 올리는 글을 말합니다. 다음을 참고하여 상소문의 형식으로 자신의 의견을 써봅시다.

훈민정음에 대한 최만리의 반대 상소문

감히 말씀드리고자 합니다. 우선 우리는 예부터 대국 중화의 제도를 본받아 실행해 왔습니다. 그런데 그와 아무 관련이 없는 새 글자를 만든 것은 학문에도 정치에도 아무 유익함이 없을 줄 압니다. 더구나 글자 제정은 의견을 두루 청취하면서 시간을 두고 가부를 논해야 마땅한데도 너무 성급하게 결정했습니다. 혹시라도 중국 측에서 시비를 걸어올까 두렵습니다. 주변국들이 제 글자를 가지고 있다고 하나, 그들은 모두 오랑캐입니다. 더구나 이미 우리는 이두라는 문자를 가지고 있습니다. 이두는 반드시 한자를 익혀야 쓸 수 있기에 오히려 학문에 도움이 됩니다. 만약, 관리들이 쉽게 언문만 익히게 된다면, 결국에는 한자를 아는 이가 없어질 것입니다. 지금 할 일이 태산같이 많은데 어찌하여 급하지도 않은 언문을 익히는 일에 부담을 주시는지 이해할 수 없습니다. 언문이 비록 유익하다고 할지라도 한낱 기예에 불과합니다. 학업에 정진하고 정신을 연마해야 할 어린 왕자들과 유생들이 시간을 허비해 기예 익히기에만 몰두한다면 이는 크나큰 국가적 손실입니다. 감히 고하오니 부디 헤아려 주시옵소서.

감히 말씀드리고자 합니다.

 인간은 모두가 평등할 권리가 있습니다. 특히 국민소득 2만 달러가 넘는 대한민국에서 밥을 굶는 아이들이 더 이상 있어서는 안 됩니다. 유상급식은 가난한 아이들을 굶기는 일이 될 수 있습니다. 가난한 아이들이 한 끼 만이라도 풍성하게 잘 먹기 위해서는 모두에게 공평한 보편적 복지를 실시해야 합니다.

 이런 이유로 일부에서는 가난한 아이들에게만 무상으로 급식을 해주겠다는 이야기가 있습니다. 그것은 학교라는 공공 교육 장소에서 용납할 수 없는 일입니다. 가장 1차적 문제인 먹는 문제에, 그것도 교육을 하는 학교라는 곳에서, 아이들을 가난한 아이와 부유한 아이로 나누는 것은 말도 안 되는 얘기입니다. 선별적 급식을 하게 된다면 무상급식을 받는 아이들은 소외감을 느낄 수도 있고, 또 돕자고 한 일에 그들의 자존심을 해쳐 오히려 더 큰 어려움을 줄 수 있습니다.

 가난한 아이나 부유한 아이나 모두가 평등하게 대우를 받는 일은 그 어떤 문제보다도 중요한 일입니다. 학교라는 곳에서만이라도 아이들이 차별을 당해서는 안 될 것입니다. 감히 고하오니 부디 헤아려 주시기 바랍니다.

도서	사회복지사가 말하는 사회복지사	도서정보	김세진 외 21인 / 부키 / 2013년
교육과정 핵심역량	문제 해결력 및 의사 결정력, 의사소통 및 협업 능력, 문화 향류 역량	직업군	사회복지사

『사회복지사가 말하는 사회복지사』는 22명의 사회복지사들이 사회복지사의 세계에 대해 솔직하게 털어놓은 책이다. 총 4장으로 이루어져 있는데, 1장에서는 아동보호전문기관과 장애인복지관에서 좌충우돌하는 초보들의 이야기가 실려 있다. 2장은 노인복지센터, 종합사회복지관, 쪽방상담센터, 공무원, 지역아동센터, 장애인거주시설, 학교, 교정기관, 정신 보건센터, 의료센터, 자원봉사센터 등 우리 주위에서 쉽게 볼 수 있는 사회복지사들의 다양한 삶의 이야기를 들려준다. 3장에서는 정당 보좌관, 협동조합, 국제개발, 복지전문 영상제작, 기업공익재단, 대학교수, 복지관 관장 등 더 넓은 사회에서 활동하는 복지사들의 세계에 대해 알 수 있다. 4장에서는 사회복지사에 대한 16가지 궁금증에 대해 알려 주고 있다. 사회복지사들이 일을 하며 느끼는 행복과 보람, 어려움과 감동의 순간을 진솔하게 들려준다.

교육과정 연계 독서활동

●┄┄┄┄┄┄┄┄┄┄┄┄┄┄┄┄┄

가. 문제 해결력 및 의사 결정력

📢 대상도서에서 나오듯이 교정사회복지사는 교정기관인 소년원에서 아이들이 평범한 또래 친구들처럼 사회의 한 구성원으로 제 기능을 다하게 도와주는 사람입니다. 이 분처럼 만약, 우리 학급에 폭력을 휘두르거나 학급 분위기를 망치는 친구들이 있다면 어떤 방법으로 이 아이들의 문제를 해결할 것인지 말해 봅시다.

> 비슷한 상황에 놓여 있는 또래 친구들의 관한 책이나 영화, 다큐멘터리 등 매체를 활용하여 자신이 스스로 느끼는 바가 생기게 해준다. 다른 사람에게 피해를 주거나 상처를 주는 일이 상대방과 자신에게 얼마나 큰 문제를 일으킬 수 있는지 심각성을 깨닫게 해주어야 한다

나. 의사소통 및 협업 능력

📢 이 책에는 동티모르 개발의 마중물이 된 사회복지사의 이야기가 나옵니다. 이 분은 처음 이 곳에 갔을 때 언어와 문화가 달라 여러 가지 어려움을 겪었습니다. 그러나 마을 사람들을 진심으로 대하고 대우하며 소통한 끝에 어려움을 이겨냈습니다. 여러분이 이 분과 같이 낯선 곳

으로 자원봉사를 하러 가게 된다면 그 곳 사람들과 어떻게 소통하고 협업할 것인지 말해 봅시다.

진심은 통한다는 말이 있다. 어쩌면 자원봉사라는 것은 진심된 마음이 아니면 불가능한 일일지도 모른다. 대가를 바라지 않고 진심으로 누군가를 도와줄 수 있는 마음을 가진다면, 그들을 절대적으로 불쌍하게 보거나 나보다 낮게 보지 않을 것이다. 그들을 존중하고 평등하게 대하며, 내가 가진 것을 나누어 주고 또 그런 진실 된 마음이 전달된다면 그들이 마음을 열고 함께 소통할 수 있을 것이다.

다. 문화 향류 역량

🔊 우리와 다른 문화를 가진 사람이나 또는 나와는 다른 계층의 사람들을 어떤 관점을 가지고 바라보아야 할까요?

나와 다름을 인정하고 존중해야 한다. 차별이 아닌 차이를 인정해야 한다. 내 기준에서 맞고 틀리다가 아닌, 다르다는 것을 인정하면 그들을 바라보는 일은 생각보다 어려운 일이 아닐지도 모른다. 편견을 없애고 나와, 우리와의 다름을 인정하며 그들의 생각에 귀 기울이는 마음으로 그들을 바라보아야 한다.

3단계별 이야기식 진로독서 활동

가. 배경지식으로 찾아보기

🔊 사회복지사는 어떤 일을 하는 사람인가요?

- 사회적 약자를 도와주는 사람이다.
- 청소년, 노인, 여성, 가족, 장애인 등 다양한 사회적, 개인적 욕구를 가진 사람들의 문제에 대한 사정과 평가를 통해 문제 해결을 돕고 지원하는 사람이다.

🔊 굿네이버스, 월드 비전, 유니세프 등과 같은 곳의 이름을 들어 본 적이 있나요? 이런 단체는 어떤 일을 하는 곳일까요?

- 모두 소외된 이웃들과 가장 가까이에서 함께 호흡하는 글로벌 NGO이다.
- 빈곤과 질병, 학대로 고통 받는 아이들이 건강하고 행복하게 살아갈 수 있는 세상을 만들기 위해 노력한다.
- 지속적인 약자의 권리옹호를 위해 다양한 사회개발교육 프로그램을 개발하여 보급하는 동시에 사회 구성원들의 인식 개선을 위한 캠페인을 확대하는 등 최선의 노력을 다하고 있는 곳이다.
- 가난한 사람들을 위해 헌신하고 우리나라뿐만 아니라 전 세계 소외 받고 있는 모든 계층이 풍성한 삶을 누릴 수 있게 도와준다.

200

📢 사회복지사도 여러 분야에서 일을 합니다. 알고 있는 대로 그 분야를 말해봅시다.

사회 복지 공무원, 학교 사회복지사, 교정사회복지사, 정신보건사회복지사, 의료사회복지사, 의료생협 사회복지사, 기업 공익재단, 기업 사회공헌팀, 대학 교수, 국회의원 보좌관, 사회복지 다큐멘터리 작가 등

📢 이 책을 통해서 우리는 우리가 흔히 알지 못했던 사회복지사들을 만날 수 있었습니다. 잘 알지 못했던 사회복지사들이 많이 있었을 텐데요, 학교사회복지사는 어떤 일을 하는 사람이었나요? 학교에서 이런 분들을 만나 본 일이 있나요?

학교사회복지사는 학생의 문제를 학생 개인의 문제로만 이해하지 않고, 학교(선생님, 동료 학생)라는 환경과의 상호작용의 결과로 해석한다. 따라서 학생의 어려움을 해결하기 위해 직접 학생을 돕기도 하지만, 학교와 교사가 학생을 이해하고 우호적으로 배려할 수 있도록 돕는다.

선거철이 되면 후보자들이 선거 공약을 내세워 선거 운동을 합니다. 이런 선거 공약을 살펴보면 모두 다 복지에 관한 문제들인데요, 가까운 예에서도 볼 수 있듯이 학생회장 선거에서도 후보로 나온 친구들은 선거 공약을 내세웁니다. 여러분이 학교의 회장 선거에 나간다면 어떤 공약들을 내세워 선거 운동을 할지 선거 공약을 마련해 봅시다.

- 오래된 정수기를 교체, 비대 설치, 원하는 자판기를 늘리는 등 학생들의 생활시설 물품에 대한 요구를 들어준다.
- 학업성적을 올리기 위해 스터디 모임을 활성화시킨다.
- 다양한 재능을 나눌 수 있는 모임들을 만든다.

대상도서에서도 볼 수 있듯이 사회복지사 대부분은 이런 말을 합니다. 사회복지 수요자에게 무엇보다 스스로의 문제를 이겨낼 힘을 길러주는 것이 더 중요하다는 말입니다. 여러분은 이 말에 대해 어떻게 생각하나요? 다음과 같은 주제로 토론하여 봅시다.

📢 토론 주제 : 사회복지수요자에게는 정신적인 도움보다는 물질적인 도움이 더 필요하다.

찬성

사회복지수요자에게는 정신적인 도움보다는 물질적인 도움이 더 필요하다. 왜냐하면 그들은 현실적으로 먹고사는 문제에 직면해 있다. 하루하루가 살기 급급하고 당장 앞에 닥친 현실이 문제이기 때문에 물질적인 지원과 협조가 필요한 상태다. 이런 기본적인 문제가 해결되지 않는다면 다른 어떤 도움도 필요치 않을 것이다.

사회복지수요자에게는 정신적인 도움이 더 필요하다. 왜냐하면 그들의 현실적인 문제 뒤에는 어두웠던 과거가 있고 마음 줄 곳 없는 외로움이 있다. 가난의 대물림과 뒤틀어진 마음을 보듬고 삶의 가치를 높여주는 것 또한 매우 중요한 일임을 우리는 알고 있다. 일시적인 물질적 충족보다는 진정한 삶의 질을 향상시켜 줄 수 있는 정신적 도움이 필요하다.

🔊 대상도서 속에 '소소봄'이라는 카페가 나옵니다. 사회복지사가 이웃과 함께 즐거움을 나누기 위해 자신이 꿈꾸는 마을에 사랑방을 만든 것입니다. 그래서 소소봄이란 이름은 '밝을 소, 바소, 봄 봄', '밝은 봄이 머무르는 공간'이라는 뜻을 담고 있습니다. 만약 내가 마을에 이런 사랑방 구실을 하는 카페를 세운다면 어떤 뜻의 이름을 만들 것인지 그 이름을 지어봅시다.

- 쉼. 이라고 짓고 싶다.

사랑방에 들리는 이웃들과 즐거움도 나누지만, 누구나 들러서 마음의 안식을 찾을 수 있는 쉼표 같은 공간이었으면 하는 바람이다.

- 바람. 이라고 짓고 싶다.

바람이 지나듯 누구든지 편안히 들를 수 있는 공간이라는 의미와 희망과 소망을 담은 바람의 의미에서 바람이라고 짓고 싶다.

📢 책 속에 등장하는 사회복지사 중 한 분을 선택하여 하고 싶은 말이나 궁금한 것에 대해 물어보는 (편지글)을 써 봅시다.

임우석 사회복지사님께

안녕하세요? 저는 ○○중학교에 다니고 있는 ○○○입니다. 날이 많이 추워졌는데 건강은 괜찮으신지요? 그 곳에 거주하고 있는 인철씨와 다른 장애우분들도 다들 건강하시죠?

저는 예전부터 사회복지에 대한 관심이 많았고 이 길을 가야겠다는 생각을 막연히 해 왔었습니다. 그런데 이번에 복지사님의 글을 읽고 용기를 얻었습니다. 그리고 이 길을 가야겠다고 다짐했습니다. 저도 복지사님처럼 좋은 복지사가 될 수 있을까요? 제가 복지사님처럼 그 일을 잘 해내기 위해서는 어떻게 해야할까요? 우선 어떻게 해야 사회복지사가 되고, 또 어떻게 해야 장애우들을 도울 수 있을지 시간이 나신다면 그 이야기를 듣고 싶습니다. 시간이 나실 때 꼭 한번 연락을 주시면 정말 감사하겠습니다.

그리고 장애우들을 사랑하시는 마음과 복지사로서의 자부심을 항상 잃지 마시고 끝까지 파이팅하시길 바랄게요.

저와 같은 학생들에게 희망을 주셔서 감사합니다.

언젠가는 만날 수 있을 거라 기대하며 이만 줄이겠습니다.

항상 건강하시고 행복하세요.

2016. 12. 25

○○○올림

📢 다음의 영화를 본 적이 있습니까? 없다면 다음 영화의 소개 글을 읽고, 물음에 답하시오.

의료보험에 얽힌 당신이 알아야 할 충격적 진실!

돈 없으면 **죽으란** 말이요 ?

MAN LIVES IN A BOX

식코 SICKO

〈볼링 포 콜럼바인〉〈화씨 9/11〉의 마이클 무어

GET WELL SOON.

▲다큐멘터리 / 드라마 / 2008 개봉 / 123분 / 12세이상관람가 / 미국 / (감독) 마이클 무어 / (주연) 마이클 무어

줄거리 : 마이클 무어는 한 웹 사이트로부터 미국의 의료 제도의 모순을 겪은 사람들의 실제 있었던 사례를 모아 이를 기초로 다큐멘터리를 전개한다. 한 노동자는 손가락 두 개가 잘렸지만 보험에 들지 못해 한 손가락만 봉합할 수밖에 없었다. 미국에 있는 의료보험 미가입자는 약 5,000만 명. 그리고 또 보험 가입자에 대해서도 어떠한 수단을 강구해서라도 보험금의 지불 거부를 행해 이윤의 최대화를 올리는 의료보험 회사, 제약회사, 이에 유착한 정치가들을 폭로한다. 미국에서는 일찍이 민주당의 힐러리 클린턴이 영부인이었던 시절, 보편적 의료 보험 제도의 정비를 요구했지만, 정계와 의료계에 의해 좌절되었고 이후 의료계로부터 많은 로비금을 받는 의원임을 알린다. 붕괴에 직면하고 있는 미국 의료 제도를 보편적 의료 보험 제도를 택하는 캐나다, 영국, 프랑스와 비교하고 심지어 미국인들이 열등하다고 생각하는 쿠바 등의 의료 제도와 대비시켜 미국의 의료 보험 제도의 취약성을 고발한다. 많은 미국인들이 알지 못했던 그러나 명백히 현존하는 미국 의료의 암부를 적나라하게 그려내고 있다. (출처 : 다음 위키 백과)

참고 : 미국에서는 공공 건강 보험 제도가 없고 세금으로 의료비를 지불하는 NHS(National Health Services) 제도가 시행되지 않는다. 아프거나 사고가 나서 병원에 가게 되면 치료비를 고스란히 환자나 환자 가족이 부담하거나 민간 의료 보험에 가입하여 해결해야 한다. 문제는 미국의 민간 의료 보험은 보험료가 매우 비싸다는 것이다. 4인 가족이 민간 의료 보험에 가입하면 대체로 1년에 약 2300만원이 넘는 보험료를 내야 한다. 여기에 치과나 안과 진료비는 포함되어 있지도 않다. 좋은 회사에서 일하면 회사에서 의료 보험료의 75퍼센트 정도를 부담해 주긴 한다. 그래도 나머지 25퍼센트는 개인이 부담해야 한다. 미국의 의료 보험비가 비싼 이유는 의료 보험을 민간 보험 회사에서 운영하기 때문이다. 민간 의료 보험 회사는 이윤을 창출하기 위해 점점 보험료를 올린다. 결국 생활이 넉넉한 사람들은 민간 의료 보험에 가입하여 질병에 걸려도 걱정하지 않으나 높은 보험료 때문에 주저하여 보험 가입을 포기했던 가난한 사람들은 질병에 걸리면 많은 어려움을 겪는다. 그러면 미국에는 국가가 운영하는 공공 의료 보험 제도가 왜 없을까? 미국도 몇 차례에 걸쳐 공공 의료 보험 도입을 시도했지만 모두 실패했다. 1935년 사회 보장법이 제정될 때 노령 연금제도와 실업 보험 제도는 도입되었으나 의료 보험 제도는 도입 되지 못했다. 비교적 가까운 과거인 빌 클린턴 행정부 때도 공공 의료 보험 제도를 도입하고자 했으나 실패했다. 이유는 정부가 운영하는 공공 의료 보험 제도가 만들어지면 역할이 매우 제한되는 민간 의료 보험 회사에 있었다. 민간 의료 보험 회사는 정치인들에게 로비를 벌여 공공 의료 보험 제도 도입을 방해하였다. 미국의 의료 제도에 있어서 가장 힘이 센 사람은 환자나 의사, 병원이 아닌 민간 의료 보험 회사이다.

(출처 : 너는 사람들을 도와주며 살고 싶니?. 박병현. 비룡소. 2016)

1) 의료 보험 민영화란 무엇인가요?

의료 보험 민영화란, 국가의 모든 국민이 의료 제도의 혜택을 공평하게 받지 못하고 사설 민영 보험회사에 가입한 사람들만이 의료 혜택의 일부를 지원받을 수 있는 제도이다.

2) 나라에 따라 의료 제도가 각각 다르다고 합니다. 우리나라의 의료 제도는 어떤 방식이지 알고 있나요? 의료 제도에 대하여 알아봅시다.

의료 제도는 크게 영국식 국민 보건 서비스(NHS : National Health Services), 한국식 사회 보험 방식(NHI : National Health Insurance), 미국식 민간 보험 방식(CSM : Consumer Sovereignty Model)으로 나눈다. 국민 보건 서비스와 사회 보험 방식은 국가 정책이며, 민간 보험 방식은 민간 서비스이다.

국민 보건 서비스는 영국을 비롯하여 스웨덴, 이탈리아, 캐나다가 대표적인 국가이며, 사회 보험 방식은 우리나라를 비롯하여 일본, 독일, 프랑스, 네덜란드가 대표적인 국가이다. 한편 민간 보험 방식은 미국이 유일한 국가이다. 영국의 국민 보건 서비스는 무상 의료 방식이고, 미국의 민간 보험 방식은 의료 민영화 방식이며, 우리나라의 사회 보험 방식은 무상 의료와 의료 민영화의 중간에 있다.

3) 의료 보험을 무상으로 하게 되면 질적인 면에서 낮은 의료 서비스를 받을
   수 있다는 의견이 있다. '의료 보험 제도를 민영화해야한다.'라는 주제로
   토론하여 보자.

찬성

의료 보험 제도 민영화에 찬성한다.

왜냐하면, 민영화로 인해 병원비가 증가하는 부담감은 있겠지만 그것을 기반
으로 하여 의료진의 자부심과 책임의식이 높아질 것이다. 더불어 의료 서비스
의 질이 확실히 향상될 것이라고 본다. 또한 민영화가 되지 않을 시 온 국민에
게 부과되는 '의료보험료'라는 또 하나의 세금이 늘어나는 것에 대해 부담감이
생길 수 있기 때문이다.

반대

의료 보험 제도 민영화에 대해 반대한다.

의료 보험을 무상으로 시행하지 않는다면 경제적으로 어려운 서민들은 의료 혜
택을 받기 힘들 것이다. '식코'라는 영화에서 나온 것처럼 손가락 하나는 봉합
하지 못할 수도 있다. 비록 질이 좀 낮더라도 누구나 의료 혜택을 받을 수 있는 무
상의료 제도는 어떠한 의미에서든 의료혜택을 받지 못하고 있는 대부분의 사람
들에게는 좋은 소식일 것이다. 또한 민영화가 되더라도 보험료를 낼 수 있는 경
제적 여건을 가진 시민들은 민영화가 되지 않는 상황에서도 충분히 상위병원에
서 그에 합당한 금액을 지불하고 그에 맞는 의료 혜택을 받을 수 있으리라고 본
다.

04 미래를 여는 진로 탐색

라이프 코치

현대인은 개인적, 사회적 문제로 인해 많은 스트레스를 받으며 살고 있다. 복잡하고 치열한 경쟁 구도 속에서 모든 문제는 우리를 병들게 할 뿐 아니라, 좌절감과 우울감을 느끼게 하며, 절망의 길로 접어들게 한다. 이런 상황 속에서 라이프 코치는 한 개인이 삶을 사는 동안 발생할 수 있는 모든 문제를 해결해주는 전문가를 말한다. 라이프 코치는 사람들이 직면하는 중요한 문제의 답을 자기 자신 속에서 찾고, 목표를 분명히 하여 비전을 품고 살아갈 수 있도록 돕는다. 개인의 능력을 발견하여 강화시켜주며, 동기를 부여해 준다. 또 각기 다른 문제를 겪고 있는 이들에게 그들이 처한 상황에 맞춰 상담을 돕고, 계획을 세워 문제를 해결할 수 있게 한다. 긍정적인 마인드를 갖게 해 주며 이를 바탕으로 살아갈 힘을 마련해 주는 것이다.

이런 라치프 코치에게는 무엇보다 긍정적인 마음과 원만한 대인 관계를 유지시킬 수 있는 의사소통 능력이 필요하다. 또한 문제를 해결하는데 필요한 문제해결능력과 설득력이 요구된다.

라이프 코칭은 대개 전화상담이나 대면을 통하여 이루어진다. 처음에는 기본적으로 성격, 가치관 등을 검사하고, 다음으로 문제를 파악하며, 코칭 계획을 세운다. 필요하면 상담을 받을 것을 제안하기도 한다. 코칭의 종류는 대상에 따라 비즈니스 코칭, 커리어 코칭, 관계 코칭, 연애 코칭, 감성코칭 등 다양하다. 라이프 코치는 강의와 개인 코칭 등을 병행하는 경우가 대부분이다.

베이비플래너

〈출처 : 아시아타임즈. 2016. 9. 13〉

저출산 문제가 대두되고 있는 현대 사회에서 베이비플래너의 역할은 중요한 자리를 차지하게 되었다. 베이비플래너는 말 그대로 아기와 관련된 전반적인 일을 하는 사람을 말한다. 즉 아기를 갖고, 낳고, 기르는 것에 관련된 절차와 방법 등에 대해 필요한 사람들에게 정보를 제공하고 혜택을 안내하는 사람을 말한다. 베이비플래너는 임신과 출산, 양육, 교육의 단계에 따라 체계적으로 정보를 제공한다. 임신 중일때는 태교와 관련 된 서비스, 베이비 맛사지 방법, 목욕 방법, 정부에서 마련하는 각종 지원책 등을 제공한다. 또한 출산 시기가 다가오면 출산용품 체크리스트, 다양한 출산방법, 산후조리원, 분만과 모유 수유 등의 정보를 제공하고, 출산 후에는 산후우울증, 산후 다이어트, 아기 예방 접종표와 이유식 등 여러 가지 정보를 제공하여 그들을 돕는다. 아이의 백일과 돌 때에 잔치에 대한 정보를 제공해 줄 뿐 아니라 아이가 성장할 때까지 각종 자료와 지역별 육아 지원 혜택을 제공하여 준다.

베이비 플래너는 여성이 안심하고 아이를 낳을 수 있도록 그들을 도와 저출산문제의 해결에 한발 나아갈 수 있도록 돕는 자질이 필요하다. 또한 계획성과 꼼꼼함이 필요하며 무엇보다 아이를 사랑하는 마음이 요구된다.

NGO활동가

NGO는 지역, 정부, 국가와 관계없이 자발적으로 조직된 국제적 비영리 민간단체이다. 'NGO'(Non-Governmental Organization의 약칭)으로 불리며, 'NPO'(Non-Profit Organization)와 같은 의미로도 사용된다. 특정 국가에 속하지 않으며, 사회적 연대와 공공의 목적을 실현하고 전지구적 문제에 관심을 갖는 민간 조직을 말하며, 1945년 국제연합(UN)의 설립과 함께 주목을 받기 시작했다. 이 비영리단체인 NGO에서 활동하고 있는 사람을 NGO활동가라 한다. 이들은 국제기구와 관계를 맺고, 협의하며, 특정한 목적을 위해 다양한 서비스와 인도주의적 역할을 담당한다. 또 정부가 옳지 못한 일을 했을 때 앞장서서 잘못을 지적하고 고치도록 요구하며, 힘이 없어서 억울한 일을 당한 사람이나 도움이 필요한 사람들을 돕는 일을 한다. 정부의 정책을 감시하며, 시민의 정치 참여를 장려하고, 인권, 환경, 빈곤, 난민, 보건, 성차별 등 특정 부문의 문제를 중점적으로 다룬다. 1863년 스위스에서 시작된 국제적십자사 운동을 효시로, 1970년대 초부터 UN이 주관하는 국제회의에 민간단체들이 참가, NGO포럼을 열면서 'NGO'라는 용어가 널리 사용되었다.

우리나라의 대표적 비정부 기구로는 참여연대, 환경운동연합, 한국여성단체연합, 녹색연합, 경실련 등이 있다.

헤드헌터라는 말은 옛날 원시부족들의 머리 사냥을 일컫는 말에서 유래되었다. 상대 부족들의 머리를 잘라오는 것을 큰 공으로 여기는 일은 원시시대에서부터 중세 뿐만 아니라 아시아에서도 널리 있었던 일이다. 적장의 목을 베어오는 것을 큰 영광으로 생각했다는 점은 과거나 현재나 우두머리가 중요한 역할을 한다는 것을 의미한다. 이런 의미로 기업의 최고경영자나 임원과 같은 고급전문인력을 필요한 업체에 소개해주는 주고 직업으로 삼아서 활동하는 사람을 헤드헌터(head hunter)라고 부르는 것이다.

헤드헌팅은 1920년대 미국 대공황 시절부터 움트기 시작했다. 당시 도산하던 기업들의 회생을 위해 유능한 외부 경영자를 찾아 투입하는 프로그램이 시행되었는데 그 일을 하며 소정의 대가를 받은 사람이 바로 헤드헌터였다. 제2차 세계대전 이후 경제발전과 함께 증가한 헤드헌팅은 이후 유럽을 비롯한 전 세계로 확산됐다. 우리나라에서는 1997년 외환위기 이후 헤드헌팅 시장이 확대되기 시작했다. 최근 들어 금융, IT, 제약, 마케팅 등 전 분야로 헤드헌팅 수요가 확산되면서 현재 국내에서 활동하는 헤드헌팅 업체는 1500여 개에 이른다.

헤드헌터는 인재 추천 의뢰 기업체에 방문하여 필요한 자료를 확보한 뒤에 최적의 인재를 소개해주는 일을 한다. 헤드헌터가 되기 위해서는 아직까지는 정규기관이 없지만 앞으로 그 대안이 생겨날 것으로 전망된다. 현재까지는 회사에서 헤드헌터를 고용할 때는 오로지 자질이나 능력만으로 평가한다고 한다.

헤드헌터는 종합예술가로 볼 수 있다. 본인이 쌓은 모든 경력을 총동원하여 고급인재를 발굴하고 소개하는 직업인지라 많은 인내와 열정이 있어야하며 심리학적인 학문지식도 요구된다.

관련 단체 및 기관

- 한국사회복지사협회 www. welfare.net
- 대한의료사회복지사협회 www.kamsw.or.k
- 한국치료레크리에이션사회복지사회 www.ktra.com
- 한국학교사회복지사협회 www.schoolsocialwork.org
- 한국정신보건사회복지사협회 kamhsw.or.kr
- 한국사회복지관협회 www.kaswc.or.kr
- 한국사회복지협의회 www.kncsw.bokji.net
- 한국여성복지연합회 www.womenbokji.or.kr
- 전국지역아동센터협의회 www.kaccc.org
- 중앙보육정보센터 www.central.childcare.go.kr
- 커리어넷 www.career.go.kr

6장

스포츠
기록분석연구원

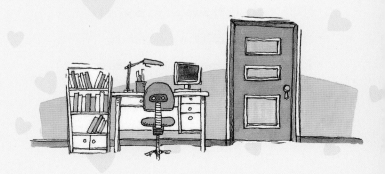

스포츠 기록분석연구원은

스포츠 경기와 관련된 다양한 정보들을 기록하고
분석하는 전문가로, 운동 선수의 경기력 향상이나
스포츠 경기의 산업적 부가가치 창출을 일으키는
다양한 정보들을 관련 종사자들에게 제공하는 일을
담당한다.
스포츠 산업과 관련되어 스포츠 기록분석연구분야로
인하여 새로운 부가가치가 창출되고 있어
스포츠 기록분석연구원은 주목받고 있는
유망 직종이다.

01 재미있는 직업 이야기

 ## 직업 노크하기

현대 스포츠에서 스포츠 경기의 기록과 분석은 중요하다!

〈출처 : 동아일보 검색〉

지난 2014 브라질 월드컵은 참으로 이변도 많고, 구설수도 많았던 대회였다.

하지만 뭐니 뭐니 해도 가장 큰 이변이라면 바로 대회 개최국 브라질 대표팀의 치욕적인 참패를 꼽을 수 있다. 본선 첫 경기부터 불안해 보이던 브라질은 매 경기 불안정한 게임을 하다 결국에는 4강전에서 독일에 1 대 7이라는 브라질 축구 역사상 전무후무한 스코어로 대패를 하고 만 것이다. 브라질뿐만 아니라 전 세계가 이들의 경기를 지켜 보며 경악을 금치 못했다. 그러나 브라질과 독일, 이 두 나라의 그 동안 월드컵 준비 과정을 지켜봐 왔던 전문가들 사이에서는 그리 놀라운 일도 아니었다. 이미 예견된 경기 내용과 결과였다는 것이다. 그렇다면 도대체 무엇이 이 둘의 운명을 이토록 극명하게 갈라놓은 것일까? ...(중략)

결국 상대 팀에 대한 철저한 경기 분석활동과 이를 토대로 완성된 '빅 데이터(Big Data)'의 활용이 얼마나 경기 승패를 결정짓는 중요한 요소로 작용하는지를 지난 브라질 월드컵 경기가 여지없이 증명해줬다.

한국 스포츠의 상황은 어떨까? 세계적 흐름에 발맞춰나가기 위해서는 무슨 준비가 필요하고, 또 어떻게 대처해나가야 할까? 필자는 이 책을 통해 이러한 의문들에 대한 해답을 제시하려고 한다. 더 나아 가 앞으로 축구 경기 분석 분야에서 세계를 선도해나가기 위해서는 어떠한 자세와 준비가 필요한지 독자 여러분과 함께 고민해보고자 한다.

〈출처 : 신재명의 축구 경기 분석, 신재명, 한스미디어, 2015〉

스포츠 경기 분석은 일종의 수학적 통계라고 볼 수 있다. 스포츠 기록분석연구원은 경기 상황에서 모든 선수의 행동 양상과 그 결과를 수치로 표현하고 기록한다. 현대의 스포츠 경기에서는 이러한 기록을 어떻게 분석하고 얼마나 체계적으로 데이터화하는가에 따라 경기의 승패가 결정된다고 해도 과언이 아니다. 왜냐하면 경기에 대한 분석 결과는 선수들에게 다음 훈련과 전술 구상의 중요한 피드백(feedback)으로 작용하기 때문이다.

빅 데이터(Big Data)는 3V의 특성이 있다. 3V는 크고(volume), 빠르고(velocity), 다양한 유형(variety)을 의미하는 단어들의 공통적인 첫 번째 철자를 의미한다. 빅 데이터는 복잡한 특성(complexity), 믿을 수 있는 신뢰성(veracity), 통계처리로 시각화할 수 있는 정보(visualization)라는 특성도 있다. 현대 스포츠에서 빅 데이터 기술이 경기 분석에 적용되기 시작했다. 빅 데이터 기술은 스포츠 기록 갱신과 팀 승리를 위한 경기 분석에 있어서 기존의 방식과 다른 과학적인 접근을 가능하게 한다. 기존에는 스포츠 칼럼니스트, 해설위원, 전문 기자들의 견해에만 의존하여 경기 분석에 있어서 일방적인 이해와 전달만 가능했다. 최근에는 빅 데이터 기술을 통해 정보를 제공하고 받는 사람들 사이의 즉각적인 소통과 적절한 상호 작용이 쉽게 일어날 수 있게 되었다.

테니스 종목에서 스포츠 분야 최초로 빅 데이터를 이용한 경기 분석이 적극적으로 도입되기 시작했다. 세계 4대 테니스 대회의 하나인 윔블던 테니스 대회(The Championships, Wimbledon)는 IBM사와 협력하여 '슬램트래커(SlamTracker)'와 '세컨드사이트(SecondSite)'라는 테니스 경기 분석 시스템을 개발하고 2012년부터 도입하였다.

슬램트래커는 실시간으로 중계되는 테니스 경기에 대한 각종 데이터를 스코어보드와 웹사이트를 통해 관객에게 제공하였다. 경기 진행 상황에 대한 실시간 예측과 경기력 분석 데이터는 관객들에게 많은 흥미와 호응을 불러 일으켰다. 슬램 트래커는 특히 경기 중에 실시간으로 이길 확률이 높은 선수를 예측하는 서비스를 제공하였는데, 이러한 예측은 지난 수 년 간의 대회에서 선수들이 기록한 데이터와 그에 대한 분석을 바탕으로 산출된 통계의 힘으로 가능하였다.

세컨드사이트는 경기가 진행되는 동안 선수 행동을 추적하는 카메라를 통하여 선수의 움직임을 분석하고 정보를 공개하였다. 이를 통해 테니스 경기에서 세트별 경기 흐름의 변화를 관객들이 쉽게 알 수 있게 되었다. 이처럼 슬램트래커와 세컨드 사이트를 통하여 테니스를 좋아하는 관객들은 경기를 다각적으로 이해하며, 더욱 흥미롭게 관전할 수 있게 되었다.

슬램트래커와 세컨드사이트의 정보를 업로드한 사람은 스포츠 기록분석연구원이다. 이처럼 스포츠 기록분석연구원은 운동선수 개인이나 소속

된 팀 또는 상대 선수나 상대 팀에 대하여 다양한 분석을 제공한다. 전술, 개인기, 개인 컨디션에 관하여 분석하기 위해 스포츠 경기 장면과 훈련 과정을 촬영한 동영상, 경기 기록, 개인 성과 등 모든 자료를 종합적으로 고려한다. 이렇게 분석한 결과는 코칭 스텝에게 전달되어 경기에 이기기 위한 훈련 계획이나 전술 등에 활용된다. 또한 선수는 분석 정보를 바탕으로 자신의 상태를 객관적으로 인지할 수 있게 되었고, 감독이나 코치와 의사소통하면서 훈련 프로그램을 계획할 수 있게 되었다.

〈출처 : IBM SlamTracker 웹사이트〉

이제는 스포츠 기록분석연구원의 역할로 인하여 팀 경기의 전술이 달라지고 있다. 경기 중 실시간으로 분석 데이터를 보며 감독은 작전을 변경하고, 선수 교체의 시기와 대상을 달리한다. 이제 스포츠 기록 분석이 없으면, 경기에서 이길 수 없다. 또한 스포츠 기록 분석은 선수들의 몸값을 결정한다. 미국의 스포츠전문채널 ESPN은 '토털 QBR(NFL Total Quarterback Rating)'이라는 프로그램을 사용하여 미국 미식축구 리그(NFL)의 선수 몸값에 필요한 정보를 공개한다.

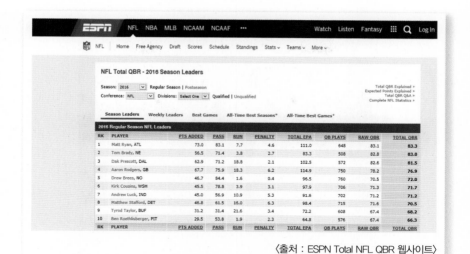

스포츠 기록분석연구원이 되려면

　스포츠 기록분석 연구원으로 일하기 위해서는 최소한 대학교 학사과정을 이수한 후, 전문적인 학과가 개설된 대학원이나 특별한 교육과정을 이수해야 자격을 갖출 수 있다. 국내에는 몇몇 대학에 스포츠 기록분석과 관련된 학과가 개설되어 있다. 대학교 학사과정으로 관련된 학과는 수학과, 응용통계학과, 정보학과, 사회체육학과, 컴퓨터공학과, 스포츠과학과 등이 있다. 대학원 과정으로는 몇몇 대학에서 기록정보과학전문대학원 과정으로 스포츠 기록분석학과가 운영되고 있다. 그리고, 아직은 개설되지 않은 몇 개 대학이 최근 스포츠 기록분석과 관련된 학과의 개설을 준비하고 있다.

〈출처 : www.mdx.ac.uk 웹사이트〉

    대한 스포츠에널리스트 협회에서는 스포츠 경기분석 전문가(Sports Analyst) 자격인정 교육과정을 운영하고 있다. 교육과정을 이수하면, 대한스포츠애널리스트협회에서 부여하는 스포츠에널리스트 자격증을 취득할 수 있다. 이때, 자격증의 수준은 Basic Level Ⅰ(BL-Ⅰ), Basic Level Ⅱ(BL-Ⅱ), Advanced Level, Professional Level로 구분된다. 자격은 취득 후 3년 마다 갱신해야 하며, 협회에서 정한 평점을 이수해야 자격이 유지된다. 외국에는 스포츠 분석과 관련된 석사과정의 대학원이 보다 다양하게 개설되어 있는 편이다. 예컨대 영국 런던에 위치하고 있는 Middlesex University Cat Hill campus는 스포츠분석대학원을 개설하고 있다.

02 누구에게 어울릴까

흥미와 적성

　참여 스포츠와 관람 스포츠의 동반 성장으로 스포츠 산업은 많은 부가 가치를 창출할 것으로 기대되는 미래 산업이다. 스포츠 관련 산업의 규모는 2008년 이후 매년 10% 안팎의 가파른 연평균 성장률을 보이고 있다.

　어떤 능력이 뛰어난 사람이 스포츠 기록분석연구원으로 성공할 가능성이 높을까? 스포츠 경기를 좋아하기는 하는데, 어떤 준비를 해야지 스포츠 기록분석연구원으로 일할 수 있을까? 여러 직업마다 특별한 직무를 수행하기 위해서 필요로 하는 능력과 적성은 다른데, 스포츠 기록분석연구원에게는 직업적으로 어떤 자질이 필요한지 알아보자.

　먼저, 스포츠 기록분석연구원은 스포츠 분야에 대한 기초 상식을 두루 갖추고 있어야 한다. 우리는 종종 관심이 있는 어떤 분야에 대해서 찾아보고 이야기하며, 관련 영역의 지식과 새로운 소식을 많이 알아가게 된다. 스포츠 기록분석연구원이 되려면, 스포츠 경기를 좋아하고 지속적으로 관심을 유지할 수 있는 사람이어야 한다. 스포츠 경기를 분석한다는 것은 경기 내용 자체의 기록만 분석하는 것을 의미하지는 않는다. 운동선수의 경기능력과 기록은 스포츠 종목마다 특정 외부 요인의 영향을 받는 경우가 많다. 그리고 그 영향은 매우 중요하게 작용할 수 있다. 따라서 특정 스포츠 종목에만 한정하지 않고 스포츠와 관련된 다양한 분야에 관심을 갖고,

독서를 통해 소양을 넓혀가는 자세도 중요하다.

둘째로, 스포츠 기록분석연구원은 수학적인 분석능력을 갖추고 있어야한다. 종종 스포츠를 잘 하고, 운동신경이 있는 사람만이 스포츠 관련 직종을 할 수 있다고 생각한다. 실상은 그렇지 않다. 다만 스포츠를 잘 하고, 운동을 좋아하는 사람이라면 일할 때, 남들보다 더 즐겁게 일을 할 수 있다는 유리함은 있을 것이다. 사실 이 직업은 스포츠와 밀접한 관련이 있지만 운동 능력과는 전혀 상관이 없다. 이 직종은 오히려 수학과 관련이 깊다. 스포츠 기록분석연구원은 스포츠 경기를 통해 발생하는 수많은 데이터를 적절하게 가공하여, 적재적소에 정보를 필요로 하는 사람에게 제공하는 일을 담당하기 때문이다. 따라서 수학적인 분석능력 중에서도 통계처리 능력과 추론 능력이 필요하다. 그뿐 아니라 스포츠 경기 영상과 빅데이터(Big Data)를 다루기 때문에, 기본적인 컴퓨터 활용 능력과 영상매체를 조작하는 기기를 다루는 능력이 필요하다.

셋째로, 관찰력과 분석력, 의사소통능력이 필요하다. 스포츠 경기는 순간의 기록으로 경기의 승패가 좌우되는 경우가 많다. 백분의 일 초에 해당하는 순간, 어떤 요인이 경기력을 좌우하는지, 그 요인으로 인한 효과와결과는 어떻게 나타났는지 객관적으로 파악하고 분석할 수 있는 이성적인능력이 필요하다. 감정적으로, 주관적으로 경기를 판단하고 해석해서는안 된다. 또한 분석 결과를 정확하게 전달할 수 있는 의사소통능력이 요구된다. 아무리 좋은 분석 결과라도, 제대로 요구자에게 전달되지 못한다면무용지물일 뿐이기 때문이다.

스포츠 기록분석연구원은 경기가 일어나는 현장과 분석연구실에서 주로 근무한다. 특히 경기가 이루어지는 장소에 따라 파견과 출장이 잦을 수있다. 스포츠 기록분석연구원은 국가나 기업, 방송국, 스포츠 재단이 운영하는 연구소에 근무하거나, 특정 구단에 소속되어 전속으로 팀이나 개인의 기록 분석을 담당하기도 한다. 스포츠 기록분석연구원도 금융계통의 펀드매니저나 계리사와 같은 '애널리스트(analyst)'계열의 직종이지만, 다른 분야의 애널리스트들이 주로 컴퓨터 앞에서 데이터를 분석하는 작업에 시간을 많이 쏟는 점에 비하여 야외활동이 많고, 능동적이고 역동적인 특성이 강하다.

현황 및 전망

종종 TV에서 국가대표 축구 경기 중계방송을 시청할 때, 화면 한 편에 실시간으로 양 팀의 공 점유율, 패스 성공률과 같은 정보가 제공되는 것을 본 적이 있을 것이다. 심지어는 어떤 나라의 대표 팀은 어떤 방식으로 공격을 하는 경우가 몇 %라는 등 전략 전술에 대한 분석도 시청자들에게 실시간으로 제공된다. 이러한 정보들로 인하여 전문가는 아니지만 시청자들도 경기를 보는 수준이 높아지고 있다. 시청자가 경기를 보는 수준이 높아져서, 방송국들은 좀 더 다각적으로 경기를 분석하고 정보를 제공할 수 있는 역량있는 인재가 필요하게 되고 있다. 경기 상황에 대하여 좀 더 정확하고 다양하게 분석한 정보를 제공하는 방송사의 중계방송이 시청자에게 선택될 것이기 때문이다. 이는 결국 더 높은 시청률로 이어지게 될 것이다. 이처럼 스포츠 기록분석은 경기를 중계하는 방송국에서도 중요한 분야가 되어가고 있다.

과학적이고 체계적인 훈련의 결과로 인하여 최근 들어 스포츠 전 분야에서 선수들의 경기력이 크게 향상되고 있다. 그리고 스포츠 관련 산업도 지속적으로 성장하고 있는 추세다. 우리나라도 체육 강국으로서의 위상이 높아지고 있으며, IT 산업을 선도하고 있는 우리나라의 산업 구조와 맞물려 우리나라의 스포츠 기록분석연구 분야는 크게 발전할 가능성이 높은 분야이다. 과거와 달리 경기를 기록하고 분석하기 위한 노력에 컴퓨터 과학이 접목되면서 스포츠 기록분석연구원의 수요가 크게 증가하고 있다. 기록 분석은 소속 팀 정비에 대한 정보뿐만 아니라 상대 팀에 대한 전략과 약점 분석에도 중요하다. 또한 프로 경기에서 중요한 광고를 위해서도 스포츠 기록분석연구는 광범위하게 활용되고 있다.

스포츠 기록분석을 전공하고 진출할 수 있는 세부적인 분야로는 기록정보관리사, 스포츠 기록분석기술자, 스포츠 전술개발연구원, 스포츠 기록관리행정원, 기록분석 프로그램 개발자가 있다.

첫 번째 독서 활동

도서	기상천외 세계의 스포츠 이야기	도서정보	김인기 / 지경사 / 2016년
교육과정 핵심역량	의사소통 역량, 윤리적 성찰 및 실천성향, 정보 활용 능력	직업군	스포츠 기록분석연구원

　　이 책은 남녀노소, 전세계 인류를 하나로 이어주는 스포츠의 세계에 대해서 쉬운 글과 재미있는 그림을 통해 이야기를 전해주고 있습니다. 우리나라와 외국에서 벌어진 여러 스포츠 경기와 선수들의 이야기들 중에서 특별히 재미있고 감동적인 내용을 뽑아서 4가지 주제로 나누어 정리하고 있는데, 책을 읽으면서 세계인을 감동시킨 흥미진진한 스포츠 명장면과 놀라운 기록들에 대해서 감탄하게 될 것입니다. 스포츠 역사에서부터 세계인의 사랑을 받는 스타까지 알차게 구성한 정보서로 한눈에 쏙 들어오는 올림픽 역사 정리표와 세계 및 한국의 유명 스포츠 리그를 소개하고 있습니다. 또한 스포츠 경기를 관람할 때 더욱 재미있게 볼 수 있도록 다양한 스포츠 상식까지 모아서 알려줍니다. 알고 보면 더 재미있고 신나게 즐길 수 있는 스포츠의 세계! 종목별 스포츠 경기와 기록에 얽힌 웃음 가득 에피소드와 가슴 찡하고 눈물겨운 이야기까지 모두 만나봅시다!

교육과정 연계 독서 활동

●----------------------------------

가. 의사소통 역량

🔈 당신이 가장 좋아하는 스포츠 선수는 누구인가요? 그 선수의 경기 중 인상 깊었던 장면을 들어 자신이 좋아하는 스포츠 선수를 친구에게 소개해봅시다.

저는 리오넬 메시라는 아르헨티나의 축구선수를 가장 좋아합니다. 그는 22세의 어린 나이에 최다 득표로 발롱도르와 FIFA 올해의 선수상을 수상했습니다. 발롱도르와 FIFA 올해의 선수상이 통합 된 후, 2010, 2011, 2012 FIFA 발롱도르를 연속 수상하며 자타공인 세계 최고의 축구 선수가 되었습니다.

메시의 경기 중에서 가장 인상 깊었던 장면은 레버쿠젠과 바르셀로나의 챔피언스리그 경기에서 한 경기에 5골을 넣는 장면입니다. 169cm의 작은 키로 덩치 큰 수비수의 숲을 헤치고 골을 넣은 모습이 멋있었습니다.

📢 당신이 어떤 농구 팀의 스포츠 기록분석연구원이라고 가정해봅시다. 팀의 주전 슛터가 전날 경기에서 발생한 손가락 부상으로 보름 동안 경기에 출장하지 못하게 되었습니다. 앞으로 보름 동안 있을 다섯 경기는 플레이오프 진출을 결정하는 중요한 고비가 될 경기들입니다. 이때 스포츠 기록분석연구원인 당신은 어떤 정보들을 분석하여 팀에게 제공해야 할까요? 자신의 생각을 설명해봅시다.

팀의 선수들이 그 동안 경기에서 보인 슛성공률을 분석하여 교체에 적합한 선수들을 찾아본다. 그리고 앞으로 있을 5경기의 상대 팀들과 가졌던 이전 경기들의 영상을 분석하여 가장 좋은 활약을 보였던 선수가 누군지 찾아본다.

나. 윤리적 성찰 및 실천 성향

📢 내가 응원하는 프로 농구 팀이 최근 4연패에 빠져 팀의 선수들이 모두 의기소침해 있습니다. '선수들에게 기운을 북돋아줄 수 있는 좋은 방법은 없을까?'고민하다가 농구 팀 홈페이지 게시판에 응원의 댓글을 남기려고 합니다. 어떻게 댓글을 남기면 선수들에게 도움이 될 수 있을까요?

○○ 농구 팀 선수들 모두모두 파이팅!!
이길 때도 질 때도 항상 응원하고 있어요. 멋진 경기 부탁합니다!^^~

당신이 어떤 야구 팀의 스포츠 기록분석연구원이라고 가정합시다. 리그 1위를 유지하고 있는 우리 팀의 라이벌은 □□ 팀이 유일합니다. □□ 팀은 리그 2위로 우리 팀을 바짝 추격하고 있는 실력있는 팀인데, 어느 날 □□ 팀의 관계자에게서 연락이 왔습니다. 그는 이번 시즌 우리 팀의 선수들 훈련 영상과 진료 기록, 우리 팀 경기 기록분석 자료를 제공하면 다음 시즌에 당신을 □□ 팀으로 거액에 스카우트하겠다는 제안을 하였습니다. 이러한 제안을 받은 당신은 관계자에게 어떤 말을 해줄 것입니까? 그렇게 생각한 이유와 함께 설명해봅시다.

스카우트 제의는 감사하지만, 불법적인 방법으로 돈을 벌고 싶지는 않습니다. 우리 팀의 경기 기록은 팀의 자산이고, 선수 개개인의 분석자료와 진료기록은 개인정보이기도 합니다. 스포츠 정신에 맞게 정정당당한 승부로 우위를 가립시다!

📢 우리나라가 참여한 첫 번째 하계 올림픽대회는 어느 나라에서 개최되었을까요? 그리고 그 대회에서 우리나라의 메달 실적은 어땠나요? 인터넷을 통해 정보를 검색하고 설명해봅시다.

> 제기나회 영국 런던 올림픽 대회입니다.
>
> 그 대회에서 우리나라는 동메달 2개를 획득했습니다.

📢 스포츠 기록분석의 중요성을 다룬 영화를 하나 검색해서, 제목과 줄거리에 대해서 설명해봅시다.

머니볼(Moneyball, 2011)

게임의 역사를 바꾼 감동의 리그가 시작된다!

메이저리그 만년 최하위에 그나마 실력 있는 선수들은 다른 구단에 뺏기기 일수인 '오클랜드 애슬레틱스'. 돈 없고 실력 없는 오합지졸 구단이란 오명을 벗어 던지고 싶은 단장 '빌리 빈(브래드 피트)'은 경제학을 전공한 '피터'를 영입, 기존의 선수 선발 방식과는 전혀 다른 파격적인 '머니볼' 이론을 따라 새로운 도전을 시작합니다. 그는 경기 데이터에만 의존해 사생활 문란, 잦은 부상, 최고령 등의 이유로 다른 구단에서 외면 받던 선수들을 팀에 합류시키고, 모두가 미친 짓이라며 그를 비난합니다. 과연 빌리와 애슬레틱스 팀은 '머니볼'의 기적을 이룰 수 있을까요? 〈출처 : 네이버 영화〉

3단계별 이야기식 진로독서활동

가. 배경지식으로 찾아보기

📢 내가 가장 잘 알고 있는 스포츠 종목은 어떤 것이 있나요? 그 종목의 특징
이나 경기 방법에 대해서 설명해봅시다.

> 내가 가장 잘 알고 있는 스포츠 : 축구
>
> 축구는 11명의 선수들이 손과 팔을 제외한 신체 모든 부위를 사용할 수 있
>
> 다. 축구의 주요 기술에는 드리블, 슈팅, 패스, 트래핑 등이 있다.

📢 내가 가장 잘 알고 있는 스포츠 종목의 경기가 이루어지는 경기장은 어떤
모습인가요? 하늘에서 바라본 경기장의 모습을 그림으로 그려봅시다.

축구 경기장

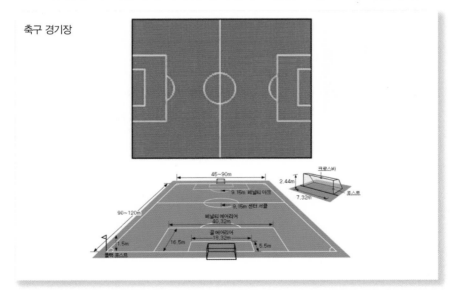

올림픽 종목으로 선정된 스포츠는 많은 사람들이 즐기고 좋아하는 종목
을 의미합니다. 올림픽 종목들을 크게 3가지 부류로 나누고, 각각의 예
를 한 가지 이상 들어 설명해 봅시다.

- 구기 종목 : 축구, 농구, 배구, 야구 등
- 기록 종목 : 사이클, 수영, 육상 종목들 등
- 격투기 종목 : 유도, 레슬링, 태권도 등

펠레는 브라질 대표하는 최고의 축구 선수입니다. 그는 화려한 개인기와
상대방의 움직임을 예측하는 능력, 탁월한 골 결정력을 지니고 있었는데
요. 펠레가 남긴 위대한 스포츠 기록을 조사하여 설명해봅시다.

펠레는 1,363경기에 출전해 1,281골을 기록하였고, 92회의 해드트릭,
한 경기 4골 31회, 한 경기 5골 6회의 기록을 보유하고 있습니다.

📢 운동선수들은 은퇴한 뒤 스포츠 기록분석연구원으로 활동하는 경우가 있습니다. 운동선수들이 은퇴 후 가질 수 있는 또 다른 직업에는 어떤 것들이 있는지 여러분이 소개해 주세요.

- 스포츠캐스터
- 코치 및 감독
- 체육학과 교수

📢 스포츠를 중계하는 카메라 촬영 기술의 발달로 인하여 스포츠 기록분석 분야에도 큰 발전이 있다고 합니다. 스포츠 기록분석연구원에게 어떤 카메라 촬영 기술이 유용하게 활용될지 생각해봅시다.

드론을 이용하여 스포츠 경기 장면을 입체적으로 촬영하고 스포츠 기록분석에 활용할 수 있다. 예를 들면, 드론에 연결된 카메라를 이용하여 공중에서 경기장 전체를 촬영하고 선수들 전체의 움직임을 기록하고 분석할 수 있다.

진로독서 토론 활동

🔊 토론 주제 : 공개된 스포츠 기록분석 정보는 스포츠를 즐기는 관객에게 즐거움을 줄 수 있지만, 상대 팀에게 약점으로 작용할 수 있다. 스포츠 기록분석 정보를 공개하는 것에 대하여 어떻게 생각하나요?

공개해야 한다.

- 근거 1 : 스포츠 기록분석 정보는 스포츠 관객에게 큰 즐거움이다.

- 근거 2 : 제공된 정보에 대한 대비책도 스포츠 기록분석연구원이 마련하면 되기 때문이다.

공개해서는 안 된다.

- 근거 1 : 상대 팀에게 커다란 전략적 약점에 대한 정보를 줄 수 있기 때문이다.

- 근거 2 : 공개된 스포츠 기록분석 정보로 인하여 관객들이 오히려 스포츠를 관람하는데 방해가 될 수도 있기 때문이다.

진로독서 논술

스포츠 경기를 분석할 때에는 경기장 안과 밖의 여러 가지 상황을 모두 고려해야 합니다. 스포츠 기록분석연구원이 조사해야 할 정보들에 대하여 마인드맵으로 표현해 봅시다.

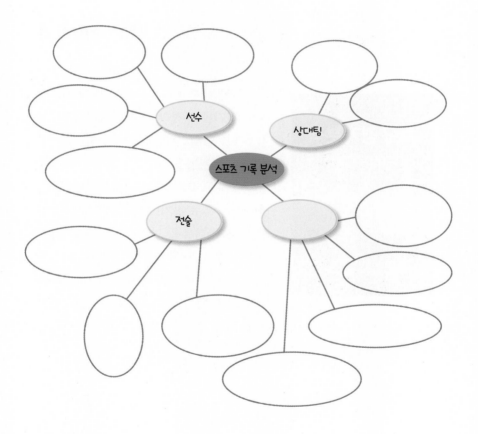

도서	신재명의 축구 경기 분석 당신도 축구 전문가처럼 경기를 볼 수 있다!	도서정보	신재명/ 한스미디어 / 2015년
교육과정 핵심역량	과학적 사고력, 과학적 탐구 능력, 과학적 의사소통 능력	직업군	스포츠 기록분석연구원

이 책의 저자는 누구라도 축구 전문가처럼 경기를 분석하고, 재미있게 축구 경기중계를 즐길 수 있도록 다양한 축구 경기분석의 기법들을 알기 쉽게 소개하고 있습니다. 우리나라 온 국민이 열광하고, 좋아하는 축구 경기! 때로는 큰 감동과 때로는 큰 아쉬움을 남긴다는 점에서 축구 경기는 우리의 인생을 닮아있습니다. 아는 만큼 보이는 스포츠 중계에 대해서 좀 더 깊이 있게 알아보고 싶은 사람과 스포츠 기록분석연구원이 어떤 일을 하는지 궁금한 사람들에게 이 책을 강력 추천합니다.

교육과정 연계 독서 활동

가. 과학적 사고력

◁ 좋은 스포츠 기록분석연구원은 어떤 자질을 가지고 있어야 할까요? 자신의 생각을 말로 표현해 봅시다.

스포츠에 대한 풍부한 상식, 날카로운 분석력, 과학적 사고력, 인내심, 평정심

나. 과학적 탐구 능력

◁ 선수 개개인의 능력이 뛰어난 프로 야구 팀이 있습니다. 훌륭한 감독과 코칭 스탭, 좋은 훈련 장소와 프로그램을 갖추고 있지만, 프로 야구 리그에서 팀의 성적은 늘 하위권이다. 만약 내가 스포츠 기록분석연구원으로 이 팀에 문제점을 분석하려고 한다면, 어떤 정보들을 우선 수집해야 할지 생각해보고 발표해봅시다.

선수 개인의 능력만으로 설명할 수 없는 팀워크에 문제가 있을 수 있다. 팀워크를 저해하는 요인이 있는지, 선수들의 훈련과 생활 모습을 관찰하고 분석한다.

🔊 스포츠 기록분석연구원이 분석한 팀의 문제점을 어떻게 정확하고 효율적으로 감독과 선수들에게 전달할 수 있을까? 스포츠 기록분석연구원이 정보를 효율적으로 전달하기 위해서 의사소통할 때 어떤 점에 유의해야 할지에 대하여 말해봅시다.

개인적인 감정이나 주관적인 판단은 제외하고 객관적인 정보를 제공한다.

어렵게 설명하지 않고, 쉬운 말로 그림이나 그래프를 이용하여 설명한다.

감독과 선수들에게 꼭 필요한 내용을 요약해서 전달한다.

3단계별 이야기식 진로독서활동

🔊 기록, 분석, 빅데이터(Big Data)라는 단어가 갖는 의미를 조사해 봅시다.

- 기록 : 주로 후일에 남길 목적으로 어떤 사실을 적음. 또는 그런 글
- 분석 : 얽혀 있거나 복잡한 것을 풀어서 개별적인 요소나 성질로 나눔
- 빅데이터 : 기존 데이터보다 너무 방대하여 기존의 방법이나 도구로 수집, 저장, 분석 등이 어려운 정형 및 비정형 데이터들

스포츠 기록분석연구원은 경기 분석을 위하여 종종 SWOT 분석 방법을 이용합니다. SWOT 분석은 기업 경영과 교육, 연구 등 다양한 분야에서 활용되기도 합니다. SWOT 분석 방법에 대하여 알아 봅시다.

내부 환경과 외부 환경을 분석하여 강점(strength), 약점 (weakness), 기회(opportunity), 위협(threat) 요인을 규정하고 이를 토대로 경영 전략을 수립하는 기법

- 강점(strength): 내부 환경의 강점
- 약점(weakness): 내부 환경의 약점
- 기회(opportunity): 외부 환경(경쟁 팀, 관객, 경기장, 날씨)에서 비롯된 기회
- 위협(threat): 외부 환경에서 비롯된 위협

축구 경기를 분석하기 위해서는 전술과 관련된 용어를 이해해야 합니다. 다음의 몇 가지 축구 경기와 관련된 전술 용어들에 대하여 의미를 알아봅시다. 빌드업(Build Up), 페너트레이션(Penetration), 포어체킹(Forechecking)

- 빌드업(Build Up) : 패스를 통해 공을 전개하는 것
- 페너트레이션(Penetration) : 상대 진영에서 상대의 최종 수비를 돌파하는 것
- 포어체킹(Forechecking) : 상대 선수에게 전진하여 강하게 거는 압박 수비

우리나라의 스포츠 기록분석연구소에 대하여 조사해 봅시다.

우리나라의 스포츠 기록분석연구소 및 교육기관으로는 명지대 스포츠기록분석연구센터가 있다.

스포츠 경기가 있을 때 마다 방대한 양의 스포츠에 대한 기록과 정보들이 컴퓨터에 저장됩니다. 이때 기록되는 방대한 양의 정보들은 일종의 빅데이터이며, 빅데이터는 정보의 분석이 까다롭습니다. 분석이 힘든 작업인 만큼 분석으로 얻어진 내용은 여러 사람들에게 도움이 될 수 있는 소중한 정보입니다. 이처럼 스포츠 기록분석 정보가 필요하고 소중하게 활용할 수 있는 사람들은 어떤 일을 하는 사람들일지 자신의 생각을 발표해봅시다.

감독, 선수 개인 훈련을 담당하는 트레이너, 팀 닥터, 방송국 스포츠전문 PD, 스포츠 에이전트, 광고주 등

진로독서 토론 활동

📢 토론 주제 : 인공지능 기술이 발달하면 인공지능이 스포츠 기록분석연구원을 대체할 수 있을까?

찬성

미래에 인공지능 기술이 크게 발전하면, 사람보다 뛰어난 분석력의 인공지능이 스포츠 기록분석연구원을 대체할 것이다.
- 근거1 : 인공지능은 사람과 달리 빅데이터를 처리하기 용이하다.
- 근거2 : 인공지능은 사람과 달리 객관적으로 정보를 분석할 수 있다.

반대

인공지능이라도 사람을 대체할 수 없는 부분이 있으므로, 스포츠 기록분석연구원은 미래에도 계속 필요할 것이다.
- 근거1 : 사람은 인공지능과 달리 선수의 감정 변화나 생체 리듬을 더욱 세밀하게 파악할 수 있다.
- 근거2 : 인공지능 기술은 통합적인 정보 분석에 있어서 사람의 능력을 따라 올 수 없기 때문이다.

영화 '머니볼(MoneyBall)'은 실제를 바탕으로 한 영화입니다. 이 영화는 미국의 메이저리그 구단 오클랜드 에슬레틱스의 단장, 빌리빈의 이야기인데, 그는 그의 야구팀을 통해 '머니볼 법칙'을 전 세계에 널리 알린 실존인물입니다. 그는 직관과 경험을 중요시 여기는 기존의 감독들, 스포츠 마케팅 종사자와 스카우터들에게 크게 조롱을 당하고 불신을 받습니다. 빌리빈의 야구팀은 리그 초반 부상과 저조한 성적으로 크게 비난을 받지만, 중반으로 갈수록 연승의 신기록을 세우며 빌리빈이 옳았다는 것을 증명합니다. 빌리빈의 '머니볼 법칙'을 통해서 얻을 수 있는 교훈에 대해서 설명해 봅시다.

주관적 판단과 편견에서 벗어나 철저한 데이터 분석과 통계 자료를 통해서 선수들의 능력을 평가하고 팀의 전략을 수립하는 것이 팀의 성장을 위해 효율적이다.

다음 기사 내용을 보고 물음에 답하시오.

스포츠 직업탐방 인터뷰 – 스포츠 기록 분석가

스포츠 기록 분석가는 스포츠에서 발생하는 여러 상황, 그리고 그 상황에 따른 데이터를 수집하고 가공해서 의미 있는 데이터를 도출하는 일을 수행합니다. 스포츠 기록원이랑 헷갈리는 분들도 계실 텐데, 스포츠 기록원은 특정 스포츠 경기 중 선수들의 기록 등 경기 데이터를 수집하는 일을 하고, 스포츠 기록 분석가는 경기 데이터가 모이면 이를 효과적으로 분석해서 가공된 2차 데이터를 양산하는 일을 합니다. 스포츠 기록 분석가가 조금 더 넓은 범위를 담당하고 있습니다.

이 일을 잘 하기 위해서는 무엇보다도 평정심이 중요한 것 같아요. 물론 전문성도 중요하겠지만요. 한 예로 2006년 독일월드컵 때 한국과 스위스의 경기가 있던 날이었어요. 당시 저희 센터에서는 경기 중계방송을 위해 기록 분석을 하고 있었죠. 우리나라 경기라 학생들도 다 같이 모여서 경기를 보고 있었거든요. 경기 중에 스위스 골이냐 오프사이드냐 크게 논란이 되었던 장면이 있었잖아요. 그 순간 분석하던 석사과정의 학생들이 일제히 흥분하며 일어났는데, 동시에 교수님께서 "앉자!"라고 호통을 치시며 분석에 집중하라고 하신 적이 있었어요. 왜냐하면, 그렇게 박차고 일어나버리면 분석 자세나 흐름이 흐트러져 버리거든요. 분석 때 자세나 흐름이 굉장히 중요하거든요. 우리나라 경기일지라도 경기에 대한 기록 분석을 맡았으면 임무에 충실해야 한다는 걸 몸소 깨달았던 순간이에요.

스포츠 기록 분석가가 되고자 희망하는 인재가 많아지고 있다고 들었습니다. 그저 단순히 "자신이 좋아하는 스포츠를 보고 일하는 게 좋아서"라는 마음보다는 경기 데이터 현상 이외의 것들을 보고 조금 심층적으로 분석을 해보고 싶다는 마음이 객관적인 입장에서 더욱 도움이 될 것이라고 생각해요.

아직 어린 중학생, 고등학생이라면 대학 진학 후에 자신의 적성과 진로에 대한 생각도 많이 해보기를 바랍니다. 그리고 평상시에 체육, 철학, 교양 관련 서적을 많이 읽어보는 것도 도움이 될 거라 생각해요. 그리고 무엇보다도 스포츠에 대한 열정과 사랑이 가장 중요하다고 생각합니다.

〈출처 : 대학스포츠의 모든 것〉

1) 스포츠 기록 분석가와 스포츠 기록원이 하는 일은 어떻게 다른지 설명해 봅시다.

스포츠 기록원은 경기에 대한 데이터를 수집하고 저장하는 역할이 크지만, 스포츠 기록 분석가는 수집된 데이터에 대한 분석과 해석에 대한 역할이 큰 점에서 다르다.

2) 직업에서 요구하는 평정심은 어떤 의미일까요? 나의 생각을 말로 표현해
봅시다.

> 평정심은 공평하고 온화한 마음을 의미한다. 정보를 분석할 때 분석가는
> 공평해야 한다. 즉, 데이터를 객관적으로 처리해야 한다는 뜻이고, 온화
> 해야 한다는 것은 감정에 치우치지 않고, 좋아하는 선수나 팀에 대해서
> 도 감정이 동요하지 않고 이성적으로 정보를 분석해야 한다는 의미이다.

3) 교수님께서 "앉자!"라고 호통을 치시며 분석에 집중하라고 하신 일화를
듣고 어떤 느낌을 받았는지 자신의 생각을 말해봅시다.

> 경기를 지켜보는 동안 계속해서 묵묵히 감정에 치우치지 않고, 자신의
> 역할에 최선을 다하는 모습이 멋있다는 생각을 하게 되었다.

04 미래를 여는 진로 탐색

스포츠정책연구원

스포츠정책연구원은 국민체육진흥법에 따른 국민체육진흥계획의 수립 및 평가에 대하여 연구하는 직업이다. 법, 조직경영, 시설설비, 인력지원 등 체육 기반조성과 관련된 광범위한 분야에 대하여 연구한다. 이들은 전문체육, 생활체육, 학교체육 진흥을 위한 부문별 정책에 관해서도 연구한다. 체육지표 개발 및 관련 통계자료를 조사하고 분석하여 스포츠의 사회경제적 효과에 대해 연구하여 직간접적으로 스포츠의 발전에 기여하는 정도가 매우 큰 직업이다. 이들은 스포츠와 관련된 제반 환경에 대한 이해를 바탕으로 스포츠 정책이 일관성 있게 제도적으로 기반을 잡고 기능을 할 수 있도록 사회 환경 변화에 적극 대처할 수 있는 정책 대안을 개발하여 제공하는 일을 담당한다. 세부적으로는 체육 관련된 법안을 정비하고, 체육진흥정책을 수립하고 평가한다. 또한 체육진흥정책사업을 개발하고, 스포츠 시설과 스포츠 경기력 파급효과에 대하여 분석하는 일을 담당한다.

스포츠에이전트

스포츠 선수의 계약 협상, 이적, 마케팅 등의 업무를 대리하고 각종 관리 서비스를 제공하는 직업이다. 이들은 스포츠 선수의 계약에 대하여 법률, 스포츠 협회 규약 및 규정, 스포츠 시장의 동향과 흐름, 선수에 대한 대중적 이미지, 경기와 대회의 일정 및 포상금 등에 대한 자료를 수집하고 지식을 학습하여 스포츠 선수에게 유리한 계약이나 마케팅이 이루어지도록 지원하는 직업이다.

최근에는 스포츠에 대한 관심이 커지면서 선수들의 몸값도 크게 상승하고 있다. 거액의 몸값을 지닌 인기 스포츠 스타들은 자신이 경기력에 집중하기 위하여 계약과 관련된 많은 부분들을 개인 스포츠에이전트에게 의존한다. 국내 프로스포츠 중 에이전트를 공식적으로 인정하는 종목은 축구가 유일하다. 다른 종목은 그렇지 않기 때문에 모든 계약을 선수가 직접 하거나 가끔 변호사를 선임한다. 이 때 변호사가 사실상 에이전트와 같다.

스포츠에이전트는 크게 두 종류로 구분된다. 선수 에이전트와 매치 에이전트가 그것이다. 선수 에이전트는 선수를 대신해서 계약, 이적, 마케팅의 업무를 수행한다. 반면 매치 에이전트는 선수가 맞대결하여 경기할 선수를 찾아주는 업무를 수행한다. 스포츠에이전트가 되기 위해서는 일정한 시험을 치러 자격을 획득해야 한다. 자격을 갖춘 다음에는 선수와 구단, 업계에 다양한 사람 네트워크를 잘 형성하고 관리하는 능력을 갖추어야 성공적인 스포츠에이전트로 성장할 수 있다.

스포츠해설위원

스포츠해설위원은 보도 방송을 위하여 스포츠 경기를 분석하고 논평하는 일을 담당한다. 주로 방송을 통하여 여러 관점에서 스포츠 경기를 종합적으로 해석하여 쉬운 말로 시청자에게 정보를 제공하는 것이 주된 역할이다. 해설은 짧은 시간에 정확하게 경기의 상황과 내용을 설명해야 한다는 점에서 어려움이 있다. 평소 다양한 독서와 공부로 많은 지식과 상식을 쌓아야 스포츠 경기를 중계할 때, 시의적절한 해설을 제공할 수 있다. 스포츠 경기가 있을 때, 스포츠 해설은 방송으로 생중계되는 경우가 많다. 따라서 순간적인 장면에 대하여 스포츠해설위원이 멘트를 할 때, 머릿속으로 정리할 시간적 여유는 없다. 평상 시 지식과 경험이 축적되어 있지 않으면 좋은 스포츠 해설이 나오기 어려운 이유이다.

스포츠해설위원은 평상 시 다양한 독서와 훈련을 통해 자신만의 설득력있는 화술을 준비해야 한다. 스포츠해설위원은 종종 어떤 종목의 스포츠 용어를 보급하거나 정립하기도 할 정도로 스포츠 문화에 큰 영향을 주는 직업이다. 스포츠해설위원은 책을 통해 평상 시 개인 소양과 화술, 말의 논리력을 준비해야 좋은 해설을 할 수 있다. 그리고 그들은 스포츠 경기가 있는 현장에서 순발력과 재치로 시청자가 스포츠를 제대로 즐길 수 있게 많은 정보를 제공한다. 이 직업은 정적인 면과 동적인 면을 모두 지니고 있는 매력적인 직업이다.

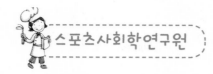

스포츠사회학연구원

스포츠사회학연구원은 스포츠의 사회적 기능이나 사회와의 관련성, 스포츠 팀의 사회학과 조직사회 연구를 담당하는 직업이다. 이들은 스포츠 장면에서 일어나는 행동 유형과 사회화의 과정에 대하여 연구한다. 팀을 이루는 스포츠 종목에서는 특히 팀의 응집력과 팀워크에 큰 영향을 미치는 구성원 간의 인간관계, 의사소통방법, 조직유형 등에 대해서 자료를 수집하고 분석한다.

이들은 사회학적 개념과 이론을 이용하여 스포츠와 문화, 사회와의 역동적 관계를 탐색하고 스포츠에 대한 비판적 성찰을 도모하는 것을 목적으로 연구하고 종사한다. 주요 연구 분야는 스포츠 참여, 스포츠 조직, 통제와 폭력, 평등, 이데올로기, 상업스포츠, 미디어, 종교, 정치 등 스포츠와 관련된 광범위한 연구 분야에 대하여 다양한 연구가 진행되고 있다.

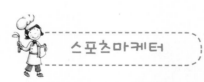

스포츠마케터

스포츠마케터는 기업이 스포츠마케팅을 통해 대중에게 회사의 이름을 알리고, 좋은 이미지를 가질 수 있도록 스포츠와 관련된 행사를 지원하고 스포츠 용품 등을 판매하는 활동 등 무한히 넓은 직무영역을 지니고 있는 직종이다. 150년 전만해도 스포츠가 돈이 된다는 것은 생각조차 할 수 없었다. 미국에서 야구가 인기를 끌면서부터 스포츠로부터 많은 부가가치가 창출되기 시작했다. 이렇게 얻어진 돈은 다시 스포츠 수준을 높이고 투자하는 비용으로 이용되어 현대 스포츠마케팅 시장은 크게 성장하고 영역이 넓어지고 있다.

스포츠마케터가 담당하는 세부적인 업무는 스포츠 의류와 용품 판매, 스포츠 광고 제작, 스포츠 방송 중계권 관련 사업, 스포츠 이벤트, 기부와 자원봉사, 선수 관리 등이 있다. 스포츠마케터는 스포츠에 대한 흥미와 관심, 스포츠에 대한 지식뿐만 아니라 의사소통 능력이 특히 중요하다. 스포츠마케터는 특정 스포츠 종목이나 스포츠 선수에 대하여 관련이 있는 많은 이해당사자들 사이에서 의견을 조율하고, 협상을 이끌어내는 역할을 담당하기 때문이다. 스포츠 산업시장의 확장으로 인하여 스포츠마케터도 수요가 증가하고 있으며, 개인의 역량에 따라 크게 성공할 가능성이 있는 고부가가치 산업 직종의 하나이다.

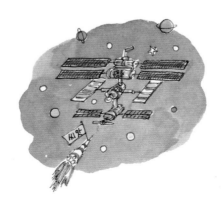

- 대한스포츠애널리스트협회 KSA http://www.koreasa.or.kr
- 명지대 기록정보과학전문대학원 스포츠기록분석전공

  http://record.mju.ac.kr/user/archives/index.action
- ESPN Total NFL QBR

  http://www.espn.com/nfl/qbr
- IBM슬램트랙커

  http://www.usopen.org/en_US/slamtracker
- 런던 미들섹스대학교 스포츠 기록분석연구대학원

  http://www.mdx.ac.uk/courses/postgraduate/sport-performance-

  analysis

7장

항공교통관제사

항공교통관제사는

공항에서 가장 높은 곳인 관제탑에서 항공기의 이륙과
착륙을 허가하고 활주로의 교통이나 장애물을 확인하며,
하늘을 비행하는 항공기 상호간 충돌을 방지하여 안전하
고 원활한 운항을 할 수 있도록 조종사에게 정보를 주어
하늘의 교통을 관리한다. 그래서 '하늘의 교통경찰'이라
불린다.

직업 노크하기

'무한도전', 가가린 센터 입성…우주여행 발판 삼나?

〈MBC '무한도전'〉

무한도전의 위대한 도전이 또 한 번 시작된다. MBC '무한도전'이 오는 10월 러시아로 우주여행을 위해 떠난다.

19일 MBC '무한도전' 측은 "10월 셋째주에 러시아행을 위해서 현재 스케줄을 조정중이며, 러시아 가가린 우주센터에서 무중력 비행훈련에 임할 예정"이라고 밝혔다. 하지만 "비행훈련 외에는 구체적 우주여행과 관련해 조율된 바 없다"고 전했다.

지난해 '무한도전'은 '우주여행 프로젝트'를 발표했다. 특히 지난 1월 경기도 화성에서 영화 '마션' 특집을 보여줬던 '무한도전' 측의 이번 결정으로 시청자들의 기대를 높이고 있다. 한편 가가린센터는 스티시티로도 불리며, 러시아 모스크바 주에 위치해 있다. 러시아의 우주인 유리 가가린의 이름이 붙여졌으며 우주인 훈련 센터 일대를 말한다. 1960년에 건설됐으며 러시아의 우주선에 탑승한 전세계의 우주인들을 키워낸 곳이다

〈출처 : 스포츠월드, 2016.9.19〉

'무한도전'팀은 우주여행 프로젝트를 위해 러시아에 있는 우주 훈련센터인 가가린 센터를 찾게 되는데, 이 곳에서 받는 여러 훈련 중 우주관제 센터와 실시간으로 소통할 수 있는 교육을 받는다. 영화 '마션'에서도 마크는 우주 관제 센터와 교신을 통하여 결국 화성에서 살아있는 자신의 존재를 알리기도 했다.

이처럼 우주 관제 센터는 우주선이나 우주 정거장, 인공위성 등 우주에 떠 있는 구조물들의 위치와 자세 등을 제어하거나, 우주로 나가거나 지상으로 내려오는 우주선의 비행 경로를 안내하는 역할을 한다.

우주에서와 마찬가지로 이 지구상에는 항공기를 안내하는 관제탑이 있다. 이곳에서 항공기 조종사와 교신을 하는 사람이 바로 '항공교통관제사'이다. 항공교통관제사는 공항에서 여러 비행기에 지시를 내리고 요구를 들어주어야 한다. 최근 저가 항공이 증가하면서 휴가철에는 거의 매시간 하늘길이 붐빈다. 이럴 때에는 항상 정해진 항공로를 다닐 수는 없고 간격

유지를 위해 항공로에서 살짝 이탈시켰다가 제자리로 돌려놓기도 한다. 한 번은 하늘에 모든 조종사가 꺼리는 구름이 있어 항공기 수 십대가 서로 이 구름을 피해가려고 하는 바람에 관제사 모두가 매달려 교통정리에 애를 먹은 적도 있다고 한다.

항공교통관제사란?

지상에 길이 있듯이 하늘에도 길이 있으며, 그 길을 따라 수백 수천대의 항공기가 비행을 한다. 그래서 하늘 위 교통을 관리하는 일 또한 꼭 필요하다. 그 일을 하는 사람이 바로 하늘의 지휘자이며 하늘 교통경찰이라 불리는 '항공교통관제사'이다.

항공교통관제사는 전 세계의 항공 교통 시스템을 안전하고, 질서있고, 평화롭게 흘러가게 유지하기 위해 훈련받은 사람들이다. 관제사들은 조종

〈출처: 매일경제 포토뉴스〉

사와 무선으로 교신하면서 목적지, 항공기 상태, 기상, 연료 및 항법에 대한 정보를 주고 받으며 그들이 관리하는 영역 내부에서 모든 항공기들이 서로 안전한 거리를 유지하게 한다. 그리고 비상상황 발생 시 비상활주로와 착륙 방법을 안내하는 역할을 한다. 즉, 항공교통관제사는 항공기가 승객을 태워 출발지 공항에서 목적지 공항까지 운행하는 전 비행구간 동안 항공기 충돌을 방지하고 항공 교통 흐름을 조절하거나 촉진하는 업무를 하는 전문 직업인이다.

이들 항공교통관제사는 하늘뿐만 아니라 지상 활주로에서도 분주하다. 항공기의 안전한 이착륙을 위해 기상, 풍속의 정보를 제공하고 활주로와 예정 시간, 순서 등을 배정하여 유도한 후 착륙한 항공기를 안전하게 터미널까지 운항 흐름을 통제한다.

미래 사회는 항공기의 수요가 더욱 급증할 것이다. 무인 항공기를 비롯하여 드론 운영이 상용화된다면 이와 관련한 항공교통관제사의 역할과 비중이 더욱 커질 것으로 예상된다.

항공교통관제사는 항공관제 업무를 위한 특수 직종에 해당한다. 이를 위해서 항공교통관제 관련 학과를 졸업하고 자격증을 취득하거나 국토교통부 지정 전문교육기관에서 소정의 과정을 이수하고 실무 경력을 쌓은 후 항공교통관제사 자격 시험에 응시할 수 있다. 교통관제사 자격증 시험에 합격하면 교통관제사로 일 할 수 있는 자격을 갖추게 되고 국토교통부의 공무원 채용 시험에 응시하여 합격하면 최종적으로 항공교통관제사가 된다.

즉 항공교통관제사가 되는 길은 크게 세 가지로 나눌 수 있다.

첫째, 공군에서 군인으로서 복무하면서 공군기지에서 항공기 이착륙을 관제하는 것이다. 공군의 항공교통관제사가 되려면 부사관 특별전형에 응시해야 한다. 영어성적 우수자와 신체검사 3급을 통과한 사람을 대상으로 부사관을 선발하고 있다. 공군의 항공교통관제사 교육기관에서는 선발된 부사관을 대상으로 관제특기 교육을 실시하며, 이 과정을 마친 후에 각자 부대로 돌아가 항공교통관제사로 근무하게 된다. 또한, 공군의 항공교통관제사 교육기관은 전수과정이라는 교육과정도 운영한다. 5년 이상 관제실무 경력이 있는 부사관을 대상으로 교육하는데, 이 과정을 수료하면 교통안전공단에서 발행하는 항공교통관제사 자격증명 시험에 응시할 수 있다.

둘째, 국토교통부의 8급 공무원인 항공교통관제사로 일하는 경우이다. 항공교통관제사 자격을 취득하면 국토교통부의 항공교통관제사 임용시험에 응시할 수 있다. 항공신체검사 증명 제3종과 항공영어 구술능력

(EPTA) 4등급 이상이 필요하다. 4등급 이상의 자격은 조종사의 항공영어 구술능력 증명과 같은 수준이다. 또한 국토교통부에서 공모하는 기술직공무원 제한경쟁 특별채용시험에 응시하여 합격해야 하는데, 1년에 약 10~20명 내외의 관제사를 뽑는다. 합격하면 국토교통부 소속기관의 관제시설에 배치되거나 산하 서울지방항공청과 부산지방항공청에서 항공교통관제업무를 수행하게 된다. 다만, 각 관제시설에서 정한 교육훈련 기준에 따른 훈련을 받은 후 면허를 발급 받아야 단독으로 관제업무를 수행할 수 있다.

셋째, 인천공항공사 소속 항공교통관제사가 있다. 이들은 '계류장 항공교통관제사'라고 하며 보통 항공기를 위한 주차장인 주기장에서 항공기 흐름을 관리하는 일을 한다. 이 경우에는 공무원인 다른 두 곳과는 달리 민간 공항공사 직원이므로 연봉은 가장 높으나 관제 관련 업무 범위가 극히 좁다.

02 누구에게 어울릴까

 흥미와 적성

　항공기는 다른 교통수단들과는 다른 특수성 때문에 항공 교통 관제사의 임무가 막중하다. 먼저 항공기는 다른 교통수단과 달리 제자리에 멈추거나 뒤로 후진할 수도 없다. 때문에 활주로가 폐쇄되거나 이 · 착륙하는 항공기들이 몰려있을 때 하늘에 떠 있는 항공기들이 서로 부딪히지 않게 하기 위해서는 조종사들과 계속 대화하며 항공기를 움직일 수 있도록 안내해야 한다. 즉 상대방과 의사소통하는 것을 즐기거나 그러한 환경에 있는 경우가 많으면 좋다.

　또한 항공기는 기상 상황에 민감하게 영향을 받는다. 특히 장마철 등 바람이 많이 불 때는 바람의 세기와 방향, 구름의 모양 등 기상정보를 체크해 항공기의 운행 방향과 속도 등을 안내해 줘야 한다. 게다가 항공기는 승용차처럼 기름을 가득 넣어 운항하지 않고 목적지까지 갈 수 있을 정도만 기름을 채우므로, 공항에 이상이 생겨 착륙할 수 없을 경우에는 일찍 다른 공항으로 회항시켜야 하고 혹시나 사고가 났을 경우 항공기를 안전하게 착륙시키는 역할도 항공교통관제사가 수행한다.

　이처럼 항공교통관제사는 다양한 상황과 여건을 고려하여 순간적으로 발생하는 문제를 정확히 파악하고 신속하게 대처할 수 있어야하기 때문에 순발력과 리더십이 필요하다. 특히 조종사와 지속적으로 교신을 해야 하기 때문에 승객들의 안전을 위해 조종사의 목소리 하나하나에도 귀 기울여 상황을 파악할 수 있는 센스와 재치, 그리고 인성도 갖추어야 하며 고도의 집중력과 판단력 및 기상이변 등 상황에 대한 대처능력과 외국어 구사 능력을 갖추어야 한다.

또한 작은 실수가 항공 안전사고로 연결될 수 있기 때문에 책임감이 필요하고, 항공통신장비 및 각종 첨단 장비를 사용하므로 기계 장비에 대한 흥미도 있어야 한다.

이처럼 항공교통관제사는 현실에 대한 정확한 이해와 판단을 요구하며 여러 가지 상황에 대한 정보를 신속하게 처리하는 유형의 사람에게 적합한 진로이다. 많은 승객의 생명을 담보로 하는 직업이기에 이타심을 갖추고 공익을 우선시 하는 사람에게 적합하며, 협동심, 자기통제력, 희생 및 서비스 정신이 투철한 사람에게 유리한 진로이다.

항공교통관제사는 자격시험에 합격하면 항공교통관제사가 될 수 있는 자격을 갖추게 되어, 국토해양부의 공무원 채용시험에 응시할 수 있으며 합격하면 국토해양부 소속 공무원으로 임용되어 업무를 수행하게 된다.

항공교통관제사는 국토해양부 소속의 국가 공무원으로서 공무원의 신분을 유지하고, 보수 및 승진 또한 공무원법에 의거하여 타 공무원과 같은 방식으로 적용 받는다. 그리고 국내의 현장근무 이외에 국제민간항공기구(ICAO) 등의 파견 근무나 지역사무소 등에서 근무할 수 있다.

항공교통관제사는 항공관제업무를 위한 특수직종의 공무원이다. 따라서 지속적이고 안정적인 직종이라고 할 수 있다. 다만 숙련도, 업무 평가, 영어 평가 등, 각종 평가가 자주 이루어지기 때문에 보다 지속적인 개발을 필요로 하는 직종이다. 대신 이색적인 직업에 대한 자부심과 급여가 일반 공무원보다 많다는 것이 장점이며 생활수준의 향상과 국제화에 따른 해외 여행객의 증가, 경제성장에 의한 항공 화물 수송량의 증가, 각종 국제행사의 개최 등에 힘입어 우리나라 항공수송실적 등은 매년 성장하여 왔으며 이에 따라 항공 교통 관제사에 대한 수요가 높아지고 있는 실정이다.

세계적 추세로 향후 항공교통관제분야 CNS/ATM(통신,항법,감시/항공교통 흐름관리)이라고 부르는 인공위성을 이용한 새로운 항행시스템이 적용, 도입되어 국제적 기준에 의한 관제 업무를 지원할 계획이기 때문에 보다 전문적인 직무능력을 갖춘 관제사들이 필요하게 될 것이다.

한편 2017년 7월에 대구에 제2ATC(항공교통센터)가 들어와 인천의 제1ATC와는 관제영역을 다르게 담당하게 되었으며, 우리나라 항공망 전체를 총괄하는 항공교통통제센터(ATCC)까지 문을 열게 되어 향후 항공교통관제사의 수요는 더욱 많아질 것으로 전망된다.

첫 번째 독서 활동

도서	야간비행	도서정보	생텍쥐페리 / 푸른숲주니어 / 2014년
교육과정 핵심역량	자기관리 역량, 의사소통 역량, 공동체 역량, 심미적 감성 역량	직업군	항공 산업

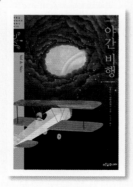

『어린왕자』로 유명한 프랑스의 작가 앙투안 드 생텍쥐페리의 소설이다. A. 지드가 서문을 붙여 1931년에 발표되었다.

생텍쥐페리는 1920년 징병으로 공군에 입대, 조종사 훈련을 받았다. 제대 후 프랑스 항공회사에서 일했고, 아르헨티나의 야간 항공 노선 개발에 참여하게 되었는데 그 때의 경험을 토대로 이 작품이 탄생하게 되었다.

이 책은 생텍쥐페리가 생생하게 들려주는 우편 비행에 관한 이야기다. 생텍쥐페리는 실제 우편 비행 조종사로 일한 적이 있는데, 그때 근무할 당시 직장 상사였던 '디디에 도라'를 모델로 하여 주인공인 '리비에르'를 그려 냈다고 한다. 원칙과 사명감을 가진 항공망 책임자와 몸을 아끼지 않고 어둠 속에서 빛을 찾으며 우편 비행에 임하는 조종사들을 통해 인간의 의무, 용기를 알 수 있으며, 개인의 행복과 공익, 그리고 존재의 의미를 통해 삶의 가치를 찾을 수 있을 것이다.

교육과정 연계 독서 활동

●┄┄┄┄┄┄┄┄┄┄┄

가. 자기관리 역량

> 자아 정체성과 자신감을 가지고 자신의 삶과 진로에 필요한 기초 능력과 자질을 갖추어 자기 주도적으로 살아갈 수 있는 능력

📢 비행기 조종사를 포함한 항공 종사자들은 자신의 직업에 대하여 자부심을 갖고 있을까요?

> 항공기 조종사를 비롯한 항공 종사자들은 자신이 선택한 진로와 직업에 남다른 자부심과 막중한 책임감을 갖고 있다. 왜냐하면 많은 승객의 안전을 책임지고 생명과 직결되는 업무를 담당하고 있기 때문에 특별한 자기관리가 필요하다. 또한 새로운 항로를 개척하기 위하여 아무도 가지 않는 하늘의 길을 스스로 만들 용기도 필요하다.

📢 항공교통관제사는 다른 직업과 달리 특별한 능력이 요구되는 진로 분야입니다. 이 분야 능력을 스스로 키울 수 있는 방법은 어떤 것이 있을까요?

첫째, 건강한 신체 조건을 갖추고 있어야한다. 항공신체검사 증명 3급을 통과해야하기 때문에 질병 없는 건강한 신체를 유지해야하고 특히, 시력 적정 기준이 있으니 평소 건강관리를 꾸준히 해야 한다.

둘째, 어휘능력을 갖추고 있어야 한다. 항공영어 구술능력(EPTA) 4등급 이상을 요구하니 영어 어휘능력을 스스로 키워야 한다.

셋째, 기계, 장비 조작 등 실무 능력을 갖추고 있어야 한다.

나. 의사소통 역량

다양한 상황에서 자신의 생각과 감정을 효과적으로 표현하고 다른 사람의 의견을 경청하며 존중하는 능력

📢 밤하늘에서 항공기를 조종하는 조종사는 지상에 있는 항공 관제사와 무선으로 대화를 나누며 상호 정보를 끊임없이 주고받아야 합니다. 이렇게 해야 하는 이유는 무엇이며, 특정한 상황에서 자신의 생각을 정확하게 표현하고 소통할 수 있는 방법은 무엇일까요?

하늘에는 항공기가 다니는 비행 항로가 있다. 그리고 많은 항공기들이 국가간, 대륙간 이동을 하는 상황에서 종합적 항로를 파악해야 항공기 충돌이 일어나지 않는다. 이렇게 안전한 비행을 위해서 특히 항공기 조종사와 관제사와는 세계 공용어인 영어를 통하여 상호 의사소통을 하면서 서로의 현재 상황에 대한 정확한 정보를 주고 받으며 안전한 비행을 하고 있다.

📢 의사소통의 기본적 능력은 언어로 말을 함으로써 이루어지는 상호작용입니다. 말을 하지 않지만 꼭 필요한 소통 능력은 어떤 것이 있을까요?

상대방의 말을 경청하는 능력이 아주 중요하다. 소통의 필수적인 행위는 상대방의 말을 주의 깊게 집중해서 듣는 것이다. 일방적 말하기에 앞서 진지한 경청의 자세가 먼저 필요하다. 항공교통통제사는 조종사의 말을 경청해서 들어야만 정확한 상황 판단을 할 수 있다.

지역 · 국가 · 세계 공동체의 구성원에게 요구되는 가치와 태도를 가지고 공동체 발전에 적극적으로 참여하는 능력

🗣 야간비행에서 항공기 조종사들의 주요 업무는 무엇인가요?

> 유럽행 우편 항공노선 운영으로 수많은 사람들의 정보와 사연이 담긴 국제 우편물을 정해진 시간에 정확히 전하는 공공의 업무를 하고 있다. 이들은 다른 지역이나 국가로 배송되는 우편물을 신속하게 배송하기 위하여 개인적 희생을 감수하면서 공공의 가치를 위하여 몸을 아끼지 않는다.

🗣 항공교통관제사를 포함한 항공 우주산업은 국가적 측면에서 어떤 발전을 할 수 있을까요?

> 항공 우주 산업은 항공기나 로켓의 엔진, 미사일, 인공위성 등을 생산, 수리하며 이와 관련된 제반 조건의 모든 산업을 포함한다. 즉 항공 우주산업은 한 나라의 국가 경쟁력과 밀접한 관계인 국가의 기간산업이라 할 수 있다. 따라서 지역과 국가의 구성원으로서 국가 위상을 높일 수 있는 공동체 발전에 적극 참여할 수 있다.

> 인간에 대한 공감적 이해와 문화적 감수성을 바탕으로 삶의 의미와 가치를 발견하고 향유하는 능력

📢 인간의 삶에서 진정한 가치가 있다고 하는 삶은 어떤 것일까요? 개인의 행복한 삶 추구와 공공의 이익을 위한 삶의 선택이 있다면 어떻게 해야 할까요?

다수의 행복을 위하여 개인의 행복을 포기한 삶을 산 사람들은 아름답고 고귀한 삶의 가치를 실천한 숭고한 인생이 있었기에 인류의 역사는 오늘날까지 이어지고 있다. 개인의 책임과 의무를 다하는 원칙주의 항공망 책임관은 개인에게는 냉정하지만 나약함을 이겨내는 신념이 있었기에 또 다른 삶의 진실함고 가치가 존재할 수 있다.

📢 인간에 대한 깊은 이해를 위해서 필요한 자세는 어떤 것이 있을까요?

사람은 누구나 자신이 처한 상황 중심으로 가치 판단을 한다. 타인 보다 자신의 입장이 우선시 되어야 한다는 생각을 갖고 있다. 그러나 인간에 대한 깊은 이해는 타인의 상황을 먼저 헤아릴 수 있는 공감적 이해가 우선 되어야 한다. 특히 어려움을 겪고 있는 타인에 대한 우선적 배려와 깊은 이해는 그 어려움을 공동으로 해결할 수 있는 밑거름이 될 수 있다.

3단계별 이야기식 진로독서활동

가. 배경지식으로 찾아보기

🔊 어두운 '밤'은 낮과 다릅니다. 밤이 갖고 있는 특성은 무엇일까요?

> 밤은 어둠의 연속이며 빛과는 반대의 속성이다. 또한 밤은 보이지 않는 암흑의 세계로 일반적으로 두려움과 불안을 상징하는 특성이 있다.

🔊 지상에는 자동차가 다니는 도로가 계획적으로 만들어져 있습니다. 그러나 하늘에는 도로를 만들 수 없습니다. 그렇다면 비행기가 다니는 전용 길이 있을까요? 비행기를 조종할 때 어떤 상황을 고려해야 할까요?

> 하늘에도 보이지 않지만 비행기가 다니는 길이 있다. 이것을 '항로'라고 하는데 비행기는 정해진 항로를 따라 운행해야 한다. 만약 그렇게 하지 않는다면 큰 사고가 날 수 있다. 그리고 비행기를 조종할 때는 기상 상태를 꼭 점검해야한다. 예를 들어 날씨, 바람의 방향과 속도, 구름의 모양이나 성질 등을 잘 확인해야 안전하게 비행할 수 있다.

📢 이 책에 등장하는 여러 인물은 항공에 관한 업무를 하고 있습니다. 이 등장 인물들이 구체적으로 어떤 일을 주로 맡아 하고 있으며, 오늘날 항공교통관제사 역할을 하는 사람은 누구인가요?

- 파비앵: 항공 조종사(파타고니아 노선 담당)
- 르루: 항공정비사
- 리비에르: 항공망의 책임자-항공교통관제사 역할을 하고 있다.
- 펠르랭: 항공조종사(칠레 노선 담당)
- 로비오: 비행장 감독관

📢 하늘에 있는 비행 조종사와 지상에 있는 항공망 종사자는 어떤 방법으로 대화를 하고 있으며, 그 내용은 어떤 것인가요?

무전으로 비행 정보를 주고받고 있으며, 날씨와 비행기 연료 상태, 조종사의 항로와 목적지, 도착 시간, 비행기의 착륙허가, 활주로 안내 등 아주 다양한 내용을 서로 확인하고 있다.

📢 이 작품에서 '파비앵'과 '리비에르'는 어떤 관계이며, 이들이 선택하는 것
은 무엇인가요?

'리비에르'는 조종사에게 비행에 관한 결정을 내리는 책임자이고, '파
비앵'은 이 명령을 수행하는 입장이다. 항공기의 이륙부터 착륙까지 안
전하게 비행 임무를 완수하기까지 필요한 중간 과정을 서로 긴밀히 정보
를 주고받는 관계이다.
무엇보다 지상에서 비행에 관한 최종 결정을 신속히 판단하여 조종사
에게 전달하는 것은 항공교통통제사의 핵심적인 임무이다. 리비에르는
원칙과 삶에 대한 가치가 확고한 인물로 책임감이 강하여 개인의 행
복보다 항공망의 공익을 선택한다.

다. 책 밖에서 진로 찾기

📢 항공 업무에 종사하는 길은 아주 다양합니다. 항공기의 안전한 비행을 위
해 준비해야하는 세분화된 업무와 다양한 직업의 분야를 조사해 봅시다.

▶ 세분화 업무
• 그라운드 관제사
• 타워 관제사
• 어프로치 관제사
• 램프 관제사

▶ 항공 업무 직업
• 항공기 기체 정비사
• 항공기 전자제어 정비사
• 항공 운항 관리사
• 항공 물류 관리사

현직에서 근무하고 있는 항공교통관제사를 찾아가서 인터뷰한 후 신문 기사문을 작성하려고 합니다. 인터뷰 질문을 사전에 만들어 봅시다.

Q 1. 항공교통관제사가 된 인생 과정을 요약하면?

Q 2. 항공교통관제사 직업을 선택한 동기는?

Q 3. 항공교통관제사가 하는 구체적인 일은?

Q 4. 항공교통관제사 진로를 위해서 현재 학창시절에 준비해야 할 일은?

Q 5. 지금까지 꿈을 향해 걸어오시는 동안 가장 힘들었던 순간은 언제였으며, 그 순간들을 이겨낸 비결은?

Q 6. 항공교통관제사로서 앞으로의 계획은?

Q 7. 항공교통관제사로서 가장 보람되고 의미 있는 사건은?

진로독서 토론 활동

　항공망 책임자 '리비에르'는 매우 엄격하고 완고한 인물로 등장합니다. 조종사들의 개인적 즐거움과 가족의 행복보다 우편물 운송 항공기가 사고 없이 운행되는 것이 더 중요하다고 생각하는 인물입니다. 또한 그는 모든 항공사 부하 직원들이 맡은 바 임무 수행에 철두철미하기를 요구하며 심지어 사소한 항공기 정비 불량에도 엄격한 기준으로 불이익을 주게 하였습니다. 결국 비행 조종사 동료의 죽음 앞에서도 개인적 감상은 묵살한 채 또다시 항공기 운행을 재개했습니다.

토론 주제 : 항공망 책임자는 '리비에르'와 같이 냉정하고 인간미 없이 철저하게 임무만 수행하는 인물이 적합하다.

항공망 책임자는 '리비에르'와 같은 인물이 적합하다. 파비앙의 죽음은 임무를 수행하는 과정에서 발생한 불의의 사고였다. 리비에르의 직접적인 책임은 전혀 없는 상황이다. 그도 동료의 죽음을 슬퍼하고 싶었을 것이지만 차질 없는 우편 사업을 진행해야하는 책임이 있었다. 리비에르는 야간비행의 위험성을 높일 수 있는 두려움, 게으름, 사적인 친분 등의 감정들을 경계하기 때문에 냉정한 인물로 보여 질 뿐이다. 명령을 내리는 일은 그 일을 수행하는 일만큼 용기가 필요하다. 그것은 개인의 희생이 있더라도 공익의 가치를 소중히 여기는 입장에서 리비에르는 주어진 일에 대한 의무와 사명감에 충실한 인물이기 때문이다.

따라서 비록 겉으로는 인간미 없는 인물로 그려지지만 수 많은 사람의 생명과 안전을 지켜야하는 항공망 책임자로서 적합하다.

항공망 책임자는 '리비에르'와 같은 인물이 적합하지 않다. 그는 폭풍우가 치는 밤에도 조종사의 안전은 신경 쓰지 않고 평소와 똑같이 우편기를 띄운다. 또한 규정을 어긴 조종사를 문책하여 특별 수당을 지급하지 않고 오로지 사업의 손익을 먼저 따지는 모습을 보이기도 하며 자신의 정복감이나 개인적인 만족감만을 생각하기도 한다. 즉 리비에르는 조종사의 생사와 그 가족의 슬픔보다 자신의 사업이 더 중요하다고 생각하는 인물이다. 리비에르는 인류의 가치나 사회적 공익과 같은 명분을 내세워 부하직원들을 임무에 충실하게 하고 자신은 사업적 성공을 거두려하는 철저한 자기만족의 인물로서 냉정한 인간이다. 따라서, 수 많은 사람의 공익을 우선시 해야 하는 항공망 책임자로서 적합하지 않다.

진로독서 논술

이 책에서 '공익이란 결국 개인적인 이익들이 모여서 이루어지는 것이며 그 외엔 아무것도 정당화 되지 않는다.'는 내용이 있습니다. 인간의 목숨은 가치를 매길 수 없을 만큼 소중하다 해도, 때로는 생명보다 더 존귀한 무언가가 있는 것처럼 생각하며 행동합니다.

이 책을 통하여 인간의 생명보다 존귀한 것이 있다고 믿는 인물이 누구인지 밝히고, 그 이유가 무엇인지 삶의 가치와 연계하여 논리적으로 서술하세요.

야간비행의 '리비에르'는 희생감과 사명감을 개인의 생명이나 삶보다 존귀한 것으로 여기는 인물이다. 리비에르는 정신적, 육체적 자유를 포기한 듯 단지 항공 노선의 책임자로서의 개인만 존재하는 인물이다. 그는 항공사 직원 개개인들의 희생이 항공업계의 더 나은 발전을 가져오며 그 발전 너머에 가치 있는 무언가를 추구하기 위해 어떤 불만과 비난도 뒤로 한 채 자신의 소신을 굽히지 않는 완벽주의자적 리더십으로 피도 눈물도 없는 인물로 묘사된다. 그렇게 스스로를 고립시키며 고독한 삶을 사는 그에게 있어 개인의 삶은 무의미하게 비쳐지며 오직 직업인으로서의 삶만 가치 있어 보인다. 리비에르의 삶은 비록 자신이 택한 삶이지만 자신의 일에 한없는 애정과 긍지를 가지고 희생하는 그의 모습은 큰 의의가 있다고 생각한다.

한편, 인간의 생명보다 희생감이나 사명감, 자부심이 더 중요하게 여겨 질수 있다고 생각는 인물로 '파비앵'을 들 수 있다. 그는 자신이 가야 할 길이 얼마나 힘들고 고통스러울지를 알면서도 그 모든 것을 감수하고 자발적으로 그 길로 들어서며 스스로를 희생할 줄 아는 인물이다. 야간조종사 파비앵은 처음부터 자신의 직업이 생명을 담보로 하는 위험한 일이라는 사실을 충분히 알고 그 직업을 선택하였다. 그리고 자신이 선택한 직업에 대단한 긍지와 자부심을 가지고 책임감 있게 의무를 다함으로써 어떤 일보다 더 큰 삶의 기쁨과 행복을 느낀다.   비행은 그가 살아가는 이유이자 삶에 대한 의무라고 볼 수 있다. 이런 위험한 업무 수행에 온몸을 바치면서 이 일을 완수하는 것만으로도 그는 아득한 행복감을 느끼기에 기꺼이 자신을 희생할 수 있는 것이다. 그의 숭고한 희생은 다음 비행의 위험 요소를 줄여 줌으로써 항공 업계의 빠른 발전을 가져 올 수 있었기에 더욱 큰 가치를 둘 수 있다고 생각한다.

도서	파일럿의 진로탐색 비행	도서정보	최재승 / 누벨끌레 / 2016년
교육과정 핵심역량	자기관리 역량, 지식정보 처리 역량, 의사소통 역량,	직업군	항공 산업

인류의 영원한 꿈인 하늘을 나는 것이 현실이 된 것은 라이트 형제의 비행기 발명 이후이다. 그 꿈의 실현은 오늘날 미지의 세계인 우주로까지 맞닿아 있다. 항공우주산업은 미래의 산업을 주도하는 차세대 핵심 국가 경쟁력이자 미래 항공 종사자를 꿈꾸는 청소년들에게 새로운 진로를 열어줄 것이다.

이 책은 생텍쥐페리처럼 항공기 조종사 경험이 있는 민간항공기 기장으로서 다양한 항공 체험이 녹아져 있어 항공전문 직업의 세계를 생생히 전해주는 지침서이다. 항공전문직 중에서 조종사, 항공정비사, 항공교통관제사, 운항관리사 등에 대한 궁금증과 진로 로드맵을 상세히 설명하고 있다. 특히 항공교통관제사가 되기 위한 자격의 종류와 양성기관, 그리고 필수적으로 갖추어야 할 신체적 조건과 신분에 대하여 많은 자료를 제시하여 진로 선택의 가이드 북 역할을 충실히 하고 있다.

교육과정 연계 독서 활동

가. 자기관리 역량

자아정체성과 자신감을 가지고 자신의 삶과 진로에 필요한 기초 능력과 자질을 갖추어 자기 주도적으로 살아갈 수 있는 능력

📢 항공우주 산업은 독립된 하나의 산업으로만 존재하지 않습니다. 다양한 과학기술의 결합으로 이루어지는 융·복합 종합시스템입니다. 여러분의 성향은 이러한 복합적인 분야에 관심이 많습니까?

항공우주 산업은 기계, 전자, 소재, IT 등 첨단기술이 합쳐진 종합 시스템 산업이다. 주요 분야는 항공역학과 항공기계 분야, 통신.전자 분야, 소재 분야, IT 등 여섯 가지 분야로 나누어 져 있는데, 이 분야가 서로 유기적으로 긴밀한 연관 관계를 맺고 있는 복합성의 특징을 갖고 있다.

📢 항공관련 진로를 스스로 개척하기 위해서 어떤 자질이 있어야 할까요?

항공 산업에 대한 진로 결정을 위해서 공학 분야에 대한 관심과 첨단 기술의 부가가치에 대한 긍정적 사고방식이 필요하다. 그리고 항공 산업의 주요한 분야인 군사 기술에 대한 국방 산업에 대한 진출도 다양하다. 또한 인문학적 소양을 두루 갖춘 융·복합형 자질도 요구하고 있다.

문제를 합리적으로 해결하기 위하여 다양한 영역의 지식과 정보를 처리하고 활용할 수 있는 지식정보처리 능력

🔊 실제 비행하는 항공 종사자는 기상 변화 및 공항의 상황에 따라 예상 밖의 문제점에 부딪힐 수 있습니다. 지혜롭게 문제를 해결할 수 있는 방법은 어떤 것이 있을까요?

> 수시로 변화하는 기상 상황에 대한 정보를 수집하고 지역에 따른 기상 특징을 바탕으로 최적의 안전한 운항 방법을 선택하여 결정해야한다. 만약의 예상치 못한 긴급 상황이 발생했다면 신속하고 정확한 판단으로 문제를 해결하여 안전한 조치를 해야한다.

🔊 많은 정보가 동시에 공존하는 상황에서 정보를 취사선택할 수 있는 기준은 어떤 것이 있을까요?

> 정보의 선별은 우선 양을 줄이는데 있다. 핵심적이고 필수적인 영역의 정보를 우선 선택하여 불필요한 정보를 버려 최소화하는 과정이 필요하다. 항공교통관제사는 수많은 정보를 제공 받지만 그 중에서 가장 최적화된 항공 정보 중 안전에 대한 기준이 우선시 되어야 한다. 이때 선택된 정보는 타인의 생명을 담보로 하기 때문에 엄정한 책임이 뒤따라야 한다.

다양한 상황에서 자신의 생각과 감정을 효과적으로 표현하고 다른 사람의 의견을 경청하며 존중하는 능력

📢 항공 종사자는 자신의 생각과 강점을 어떻게 표현하고 소통할까요?

항공 종사자는 결국 복합적 시스템이기에 혼자의 힘으로 운영하기 어렵다. 다양한 분야의 전문가와 서로 소통할 수 있는 능력이 필요하며, 이 때 소통은 언어적 소통뿐만 아니라 상대방의 상황과 입장을 배려한 심리적 소통까지 포함하여야 한다.

3단계별 이야기식 진로독서활동

가. 배경지식으로 찾아보기

📢 인류 최초로 비행기를 발명한 사람은 누구인가요? 미래는 과학기술의 발달로 국가 경쟁력의 핵심으로 떠오른 산업은 무엇이며 이는 어떤 특성을 갖고 있나요?

- 1903년 라이트 형제의 비행기 발명
- 항공기, 로켓 엔진, 인공위성 등을 제작하고 관리하는 항공우주산업이다. 이는 여러 산업기술의 역량이 합쳐진 종합 시스템의 산업이며, 다양한 분야의 고용을 창출하고 발전 파급 효과가 매우 크다. 또한 민간과 국방의 중추적 산업으로 국가 경쟁력을 가늠하는 중요한 미래 핵심 기술 산업이다.

📢 국제 에어쇼에 출전하는 한국 비행 대표팀의 이름은 무엇이며, 이 비행팀이 운영하는 항공기의 종류는 무엇일까요?

블랙 이글(Black Eagle) 공군 특수 비행팀이며, 운영 항공기는 한국항공우주산업이 개발한 국내 생산 기종인 T-50이다. 이 항공기는 터보-펜 엔진을 장착한 초음속 훈련기로 최첨단 전자 장비를 갖추고 있다.

📢 항공교통관제사가 되는 길은 고도의 전문직이기 때문에 자격 조건이 엄격합니다. 구체적인 방법과 필요한 자격증의 종류는 어떤 것이 있나요?

- 항공교통관제사가 되기 위해서는 우선 전문 양성기관에서 학과교육과 관제 실기 교육을 이수해야 한다. 현재 우리나라의 교육기관으로는 교육원이 개설 된 대학(항공대, 한서대)이나 한국공항공사 부설 항공기술 훈련원과 공군 관제 특기 교육을 들 수 있다. 이곳에서 과정을 마치면 항공교통관제사 자격증명 시험에 응시 할 수 있는 자격을 부여받는다.
- 항공교통관제사 자격증명, 항공신체검사 증명 3종, 항공영어 구술능력 증명(4급이상)

📢 항공교통관제사의 신체 자격 중 시력은 좋아야 하나요?

항공교통관제사는 육안으로 활주로 접근 항공기와 모니터로 확인해야하는 업무가 많기 때문에 시력에 대한 신체검사 기준이 있다.

- 원거리 시력 : 각 눈이 교정하지 않고 0.7 이상
- 근거리 시력 : 교정하지 않거나 교정 안경에 의하여 각 눈이 근거리 시력표의 0.5이상의 시표 판독

📢 항공 산업의 시작은 국방의 중추적 산업으로 출발하였습니다. 즉 공군을 비롯한 군에서 중요한 군수기술로 항공기를 운영하다가 민간 항공으로 영역을 확대하였습니다. 항공교통통제사가 되는 길은 민간 관제사의 신분뿐만 아니라 군에서도 가능합니다. 구체적으로 어떤 방법이 있을까요?

- 군에서 항공교통관제사는 육·해·공군에 모두 있는데 이중 가장 많은 관제사가 있는 곳이 공군이고, 해군과 육군에 소수 인원이 있다. 이 중 공군의 항공교통관제사가 되는 방법은 부사관 특별전형에 응시하는 방법이다. 공군의 항공교통관제사 선발은 영어성적 우수자와 신체검사 3급을 통과한 사람을 대상으로 선발하고 있다. 해군은 항공통제 특기로 부사관을 선발하고 있으며, 육군은 항공병과 부사관으로 항공교통관제사를 선발하고 있다.

- 공군의 항공교통관제사 교육기관에서는 이런 과정을 통해서 관제 특기를 부여받은 각 군의 예비 관제사를 대상으로 관제특기 교육을 실시하며, 이 과정을 마치고 난 후에 각자의 부대로 돌아가 항공교통관제사로 근무하게 된다. 또 공군의 항공교통관제사 교육기관은 신규 관제사 교육과정뿐만 아니라 전수과정이라는 교육과정도 운영하고 있다. 이 전수과정은 5년 이상의 관제실무 경력이 있는 육·해·공군 부사관을 대상으로 교육을 하는데, 이 전수과정을 수료하면 교통안전공단에서 발행하는 항공교통관제사 자격증명 시험에 응시할 수 있는 자격이 생기게 된다.

진로독서 토론 활동

항공 교통관제사의 신분은 민간인이 아닌 공무원 신분입니다. 항공 종사자의 대부분은 민간 항공 관련 소속입니다.

🔊 토론 주제 : 항공 교통관제의 신분은 공무원으로 해야 한다.

찬성

진로독서 논술

여러분은 현재 관제탑에서 항공교통관제사로 세계 각국의 비행기 이,
착륙을 안내하고 허가하고 있습니다. 그리고 하늘을 나는 항공기의 조
종사와 대화를 하며 항로를 점검하고 있습니다. 이제 항공교통관제사
로서 이 상황을 가상한 대화를 직접 서술하십시오.

조종사: 인천 관제소, 여기는 KAL OOO기입니다. 현재 활주로 최종
접근 중.

관제사: KAL OOO기, 여기는 인천 관제소입니다. 랜딩기어 체크
바랍니다. 현재 고도 3000피트, 풍향200, 시정 3마일,
속도 3K노트입니다. 접근 활주로 20R방향입니다.

조종사: KAL OOO기, 활주로 20R방향 확인했습니다.

관제사: 유도로 G폐쇄 되었으며, 접근 활주로 20R 착륙 허가합니다.
착륙 고도 확인하면서 20R 활주로 서서히 하강하십시오.

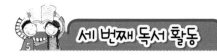
📢 다음 기사를 읽고 함께 생각해 봅시다.

대구 항공교통통제센터 개소… 항공산업 동반성장 기대 제2 항공교통센터와 함께 7월 문열어… 비행안전 종합 컨트롤타워 역할 맡아 항공 관련 학과도 신설 일자리 창출

대구시는 "7월 동구 상매동 혁신도시에 항공관제기능을 맡는 제2항공교통센터(제2ATC)와 항공교통통제센터(ATCC)가 문을 연다"고 23일 밝혔다. 현재 공정은 80% 정도다. 두 센터는 안전한 하늘 길 확보와 항공기 이착륙 지연을 줄이기 위해 건립한다. 항공 교통을 총괄하는 국토교통부 항공교통본부도 이곳에 신설한다.

현재는 인천공항의 제1ATC에서 전체 비행정보구역을 관할해 항공로를 관제하며 하루 평균 2000여 대 항공기에 관제 서비스를 제공한다. 정부는 2011년 동일본 대지진 이후 화재나 지진 같은 천재지변으로 돌발 사태가 발생할 경우 관제 서비스가 중단돼 항공대란 및 대형 사고가 우려된다는 지적에 따라 제2ATC 구축을 추진했다. 7월 이후 제1ATC는 서쪽을, 제2ATC는 동쪽 공역(空域)을 맡아 관제 업무를 수행한다. 시스템 장애나 비상시에는 정상 운영되는 ATC가 전체 공역을 맡게 되는 안정적 서비스 체계를 갖추게 됐다.

ATCC는 항공 교통 흐름을 사전에 조정하는 비행 안전 종합 컨트롤타워다. 미국 일본 같은 항공선진국은 1990년대에 도입해 운영하고 있다. 우리나라는 대구 ATCC가 처음이다. 시는 항공 핵심시설 건립에 따라 관련 산업이 성장할 수 있는 토대를 마련했다고 전망한다. 국토교통부와 한국공항공사, 기상청, 국방부 직원과 유지·관리 업체의 직원 및 가족 1000여 명이 대구에 와서 살게 될 것으로 예상된다.

시는 제2ATC와 ATCC 구축을 통해 전자·통신과 마찬가지로 부가가치가 높은 항공산업 발전의 계기를 마련하겠다는 구상이다. 지역에 항공 관련 대학을 유치하고 학과를 신설해 전문 인력을 양성하고 일자리도 창출하겠다는 것을 목표로 삼았다. 국내외 항공 전문가들이 실무를 가르치고 외국 관제사와의 교환 교육을 실시하는 등 항공관제통신교육의 중심지로 만들어 도시 브랜드 가치를 제고한다는 계획이다.

(출처 : 동아일보 2017.2.24)

1) 현재 인천공항을 중심으로 제1ATC가 관제 기능을 담당하고 있습니다. 새롭게 운영할 제2ATC의 장소가 어디이며, 지역적 특성에 따른 관제 역할에 대하여 제1ATC와 상호 비교하면서 알아보세요.

현재는 인천공항의 제1ATC에서 전체 비행정보구역을 관할해 항공로를 관제하며 하루 평균 2000여 대 항공기에 관제 서비스를 제공한다. 그러나 항공교통량은 전년 대비 9% 증가하여 비행안전에 대한 우려가 커지고 있다.

이에 2017년 7월에 대구시 동구 상매동 혁신도시에 제2항공교통센터 (제2ATC)와 함께 전체를 총괄하는 항공교통통제센터(ATCC)가 문을 연다. 제1ATC(인천)는 서쪽 공역, 제2ATC(대구)는 동쪽 공역의 관제업무를 담당하게 된다.

2) 미래 사회는 지금보다 더 많은 항공관제 기능이 요구 되고 있으며, 급변하는 기상 돌발 상황 및 천재지변에 대비할 특별한 업무까지 추가로 필요합니다. 이러한 종합 상황을 신속히 대처할 관제 기능에 대하여 알아보세요.

최근 급증하는 항공교통량을 대비하여 원활한 흐름 관리, 사전예측, 조정, 위기상황 대응을 위해 우리나라 항공교통의 중추적 역할을 하게 될 국토교통부 항공교통본부(ATCC)가 설립되어 운영될 것이다. 라 항공교통을 총괄 조정하는 조직으로 항공 교통 흐름을 사전에 조정하는 비행 안전 종합 컨트롤타워이다.

화재나 지진, 태풍과 같은 천재지변, 또는 미사일발사 등 비정상 상황 시 항공로 재배정, 우회운항 등의 신속한 관제 서비스로 항공대란 및 대형 사고를 사전에 방지하는 기능의 필요성이 강조 되었다.

한편 이곳은 국내외 항공 전문가들이 실무를 가르치고 외국 관제사와의 교환 교육을 실시하는 등 항공관제통신교육의 중심지로 성장할 것이다.

04 미래를 여는 진로 탐색

유사 직업 안내

항공 정비사

항공기의 안전 운행을 위해 항공기의 동체 및 엔진, 계기 등을 조립, 조정, 정비하며 고장의 위치, 범위, 정도와 잠재적 불량상태 등을 확인하기 위하여 시험 측정 기구를 사용하여 각 부분을 진단, 검사한다. 또한 고장부위를 분해하여 수리 또는 교체하며 고장 나거나 사용한계치를 초과하는 부품을 교체하고, 연료, 오일 및 기타 보급품을 채운다. 그리고 설치 또는 수리 부분의 작동 상태를 검사, 확인하여 안전한 비행을 사전에 점검하는 일을 한다.

〈출처:2017 정석항공과학고 홍보 리플릿〉

항공 보안요원

민간항공을 불법 방해 행위로부터 보호하기 위해 인적, 물적 자원을 지원해준다. 항공보안요원 역할에는 크게 두 가지 영역으로 나눌 수 있다.

항공기의 안전운항을 위협하는 무기 및 폭발물 탐지 및 수색업무를 수행하는 보안검색요원이 있고, 또 공항시설과 항공기를 보호하기 위해 공항 외곽 및 내곽을 경비하며 공항시설 출입을 통제하고 항공기 경비업무를 수행하는 항공경비요원이 있다.

항공 운항 관리사

민간 항공사에서 비행에 필요한 비행 계획을 수립하고 변경사항을 수시로 점검한다. 그리고 비행에 필요한 연료량을 계산해서 연료 관련 부서에 통보하는 등 항공노선의 변경에 따른 항공기의 연료소비량, 화물의 중량배분 등을 산출하여 비행 계획서를 작성하여 해당 기장에게 브리핑하는 업무를 주로 한다. 주로 민간 항공사에서는 해외 노선에 취항하기 때문에 해외 지점 운영이 많다.

항공기 유도원(마샬러)

활주로에 착륙한 항공기의 승객 승,하강 또는 화물의 적,하역 등을 위해 항공기를 정해진 장소(spot)에 진입하도록 항공기 기장에게 수신호 및 각종 신호용 도구를 사용하여 안내하고 정렬하는 사람이다. 기종별 항공기의 특성을 잘 알아야 하고 자격증을 취득해야 한다.

항공 화물 탑재 관리사

항공기의 허용 중량범위 내에서 최대한 탑재할 수 있도록 승객 및 수하물의 탑재 위치를 조정해주는 사람으로서 적재된 화물 편중으로 인한 운항 항공기의 추락 예방을 위해 항공기에 탑재할 화물 및 승객 수화물의 특성을 파악하고 무게를 산정한다. 항공기의 중량, 공간 및 균형을 고려하여 항공 화물을 담기 위한 컨테이너 또는 팔레트 등의 항공화물탑재용기를 선택하고 탑재 계획을 수립한다. 탑재 수량 및 위치를 결정하고, 플라이트 마스터에게 관련 자료를 전달하고, 탑재 작업의 진행상황을 확인하여 항공기 내화물 적재 공간에 적재 위치를 정해주는 역할을 한다.

- 국토교통부 www.molit.go.kr

- 국토교통부 서울지방항공청 sroa.molit.go.kr

- 국토교통부 부산지방항공청 broa.molit.go.kr

- 국토교통부 제주지방항공청 jroa.molit.go.kr

- 국토교통부 항공교통센터   acc.molit.go.kr

- 인천국제공항공사 www.airport.kr

- 교통안전공단   www.ts2020.kr

- 한국공항공사 항공기술훈련원 www.airport.co.kr/kcaa/main.do

- 한국항공진흥협회   www.airtransport.or.kr

- 한국항공우주연구원   www.kari.re.kr

- KAI한국항공우주산업주식회사 www.koreaaero.com